中华先贤人物故事汇

文天祥

胡　辉　著

中华书局

图书在版编目（CIP）数据

文天祥/胡辉著. —北京：中华书局，2021.7（2024.5 重印）
（中华先贤人物故事汇）
ISBN 978-7-101-15221-0

Ⅰ.文… Ⅱ.胡… Ⅲ.文天祥（1236～1282）-生平事迹
Ⅳ.K827＝442

中国版本图书馆 CIP 数据核字（2021）第 101629 号

书　　　名	文天祥
著　　　者	胡　辉
丛 书 名	中华先贤人物故事汇
责任编辑	李　猛　董邦冠
责任印制	陈丽娜
出版发行	中华书局
	（北京市丰台区太平桥西里 38 号　100073）
	http://www.zhbc.com.cn
	E-mail:zhbc@zhbc.com.cn
印　　　刷	三河市宏达印刷有限公司
版　　　次	2021 年 7 月第 1 版
	2024 年 5 月第 3 次印刷
规　　　格	开本/787×1092 毫米　1/32
	印张 5⅝　插页 2　字数 50 千字
印　　　数	12001-15000 册
国际书号	ISBN 978-7-101-15221-0
定　　　价	20.00 元

出版说明

　　孔子周游列国，创立儒家学说；张骞出使西域，开辟丝绸之路；书圣王羲之，留下了曲水流觞的佳话；诗仙李白，写下了"举头望明月，低头思故乡"的名篇；王安石为纠正时弊，推行变法；李时珍广集博采，躬亲实践，编撰医药学名著《本草纲目》……

　　这些杰出的历史人物，有的是在中华民族文明进程中做出过突出贡献、对后世产生过巨大影响的思想家、政治家，有的是对中华优秀传统文化的传承传播发挥过重大作用的文学家、艺术家、科学家，有的是为国家安定统一、民族融合团结和中外文化交流做出过杰出贡献的军事家、外交家……他们为中华民族的繁荣发展做出了伟大的贡献，他们的行为事迹、风范品格为当世楷模，并垂范后世。

他们是中华民族的先贤人物。他们的思想、品德、事迹，是中华优秀传统文化的结晶；他们的故事，是对中华民族的禀赋、特点和气质最生动、最鲜活的阐释；他们的名字，在五千年中华文明史上最为光彩夺目；他们为五千年中华文明史书写了最为光辉灿烂的篇章。

为了解先贤，走近先贤，我们精心组织编写了这套《中华先贤人物故事汇》丛书。以翔实可靠的史料为依据，以细腻动人的故事为载体，真实地呈现中华先贤人物的事迹、品格和精神风貌，彰显他们的贡献和功绩，以激发人们对国家民族的热爱，对中华文明、中华优秀传统文化的崇敬。

开卷有益，期待这套丛书成为你的良师益友。

出版说明

　　孔子周游列国，创立儒家学说；张骞出使西域，开辟丝绸之路；书圣王羲之，留下了曲水流觞的佳话；诗仙李白，写下了"举头望明月，低头思故乡"的名篇；王安石为纠正时弊，推行变法；李时珍广集博采，躬亲实践，编撰医药学名著《本草纲目》……

　　这些杰出的历史人物，有的是在中华民族文明进程中做出过突出贡献、对后世产生过巨大影响的思想家、政治家，有的是对中华优秀传统文化的传承传播发挥过重大作用的文学家、艺术家、科学家，有的是为国家安定统一、民族融合团结和中外文化交流做出过杰出贡献的军事家、外交家……他们为中华民族的繁荣发展做出了伟大的贡献，他们的行为事迹、风范品格为当世楷模，并垂范后世。

他们是中华民族的先贤人物。他们的思想、品德、事迹，是中华优秀传统文化的结晶；他们的故事，是对中华民族的禀赋、特点和气质最生动、最鲜活的阐释；他们的名字，在五千年中华文明史上最为光彩夺目；他们为五千年中华文明史书写了最为光辉灿烂的篇章。

为了解先贤，走近先贤，我们精心组织编写了这套《中华先贤人物故事汇》丛书。以翔实可靠的史料为依据，以细腻动人的故事为载体，真实地呈现中华先贤人物的事迹、品格和精神风貌，彰显他们的贡献和功绩，以激发人们对国家民族的热爱，对中华文明、中华优秀传统文化的崇敬。

开卷有益，期待这套丛书成为你的良师益友。

目 录

导 读

　　1206年，铁木真登上蒙古大汗宝座，建立了大蒙古国。大蒙古国东征西讨，南征北战，先后灭了西夏和金。1271年，忽必烈改国号为元，并于1279年灭掉南宋。文天祥就生活在这样一个天翻地覆的时代。

　　文天祥，字宋瑞，又字履善，号文山。他出生于1236年，当时南宋偏安江南，却时时受到蒙古骑兵的侵扰。文天祥的家在江西吉水，远离战争前线，使他得以平安度过童年和少年。他的父亲文仪亲自教他读书，对他倾注心血培养，因此他早早就树立了远大志向。二十岁时，文天祥中进士，宋理宗亲自点他为状元。因忧心时局，文天祥入仕后第一封奏疏便是请斩理宗宠信的宦官董宋臣。此举表现出他一心为国的大无畏精神。

宋度宗咸淳七年（1271），忽必烈称帝，大举南征。三十九岁的文天祥于德祐元年（1275）在江西毁家救难，开始了壮怀激烈的征战生涯。

此后，文天祥经历了临安勤王、出使元营、被迫北上、涉险脱身、重召义师、兵败被俘等一系列惊心动魄的事件。身为南宋丞相，文天祥举旗抗元，看似在尽臣子的本分，实则是为信念而坚持。当厓（yá）山决战失败后，与文天祥同为"宋末三杰"之一的陆秀夫背着宋少帝投海自尽，南宋亡国。被囚大都的文天祥本可以不死，那时他既没有可继续效忠的朝廷，又没有可辅佐的赵宋宗室，面对降元的南宋旧臣和元朝皇帝忽必烈的轮番劝降，文天祥在三年多的囚禁岁月里，始终不肯屈服，最终走上了刑场。他的气节令元朝君臣也感到敬佩。

古往今来，极目全球，伟岸的人格本属凤毛麟角，文天祥尤为出类拔萃。他用生命所践行的价值标准，已成为中华民族传统价值观的重要内容之一。他在狱中为自明心迹而写的《正气歌》，更使其铮铮铁骨，彪炳千秋。

潭州论事

1

宋度宗咸淳九年（1273）七月，正是江南多雨季节，初八日上午，荆湖南路安抚使兼知潭州（今湖南长沙）江万里的府前有一人骑马冒雨而来。

骑马的人披蓑戴笠，身躯魁伟，只是风雨裹身，形单影只。他到江万里府前翻身下马，门前的两个守门人正要去询问，来人已拱手说道："我是湖南提刑文天祥，自衡阳而来，特拜见江大人。"

守门人脸上闪过惊讶，一人急忙说道："是文大人！请赶紧入府，小人这就去禀报。"

说罢，掉头往内便跑。

文天祥道声"有劳",将马的缰绳交给另一个守门人,跨入府中,伸手将斗笠摘下,露出一张饱经风霜的刚毅脸庞。

走到天井时,文天祥抬头看着密如丝线的雨水,轻声一叹。

"履善!"

他陡听一声呼喊,闻声看去,只见白髯(rán)飘飘的江万里拐过走廊而来。后者脚步甚急,边走边说:"老夫到潭州数月,每日都在等你,今日终于等到了。"

文天祥心情激动,迎上前去,躬身施礼说:"天祥拜见师公。"

2

门窗关上后,雨声变得微弱。

江万里和文天祥在内室分宾主落座。江万里凝视着文天祥,眼中喜悦难抑。文天祥拱手说道:"十七年前,我在白鹭洲书院求学,时时从欧阳师父那里听到师公的名字,却不料今天才见到,实在

文天祥心情激动，迎上前去，向江万里躬身施礼。

惭愧。"

江万里手抚长须，听后脸色由喜转悲，叹息道："老夫当年创书院不久，便让守道做了山长，不料今日，守道竟与老夫阴阳两隔，想起来十分痛心。"

文天祥听到这话也觉得伤感。十七年前，还是宋理宗宝祐四年（1256），他随父亲文仪和二弟文璧去临安（今浙江杭州）赶考。考前半年，曾在江万里创办的白鹭洲书院求学，当时书院山长是江万里的学生欧阳守道。文天祥虽未见到江万里，心内始终将自己当作他的再传弟子。

那年殿试后文天祥高中状元，因父亲去世守孝，没有当官。当结束三年守孝期后，文天祥于开庆元年（1259）正月再到京城，被朝廷补授为承事郎、签书宁海军节度判官厅公事。

当年九月，忽必烈率军渡淮水过长江，进围鄂州（今湖北武昌），京师震动，文天祥十一月愤然上书，请求斩杀劝皇帝扔下百姓不顾而迁都的宦官董宋臣。朝廷不仅未理文天祥的奏疏，反将董宋臣升官重用。心情苦闷的文天祥越发失望。

董宋臣死后，又有枢密使贾似道专权。贾似道装模作样，屡次上书请退，时任学士院权直的文天祥奉旨起草挽留诏书，因未在诏书中对贾似道说恭维的话，被弹劾（hé）罢免。文天祥对朝廷彻底失望，索性辞官回乡，过起悠闲自在的隐居生活。

1273年，大宋苦撑五年的重镇襄、樊失守，朝廷在慌乱中想起文天祥，让他做湖南提刑。文天祥接旨后于四月八日离乡，五月初至衡阳上任，又得知江万里再度出任荆湖南路安抚使兼知潭州，即赶往潭州，登门拜见。

见江万里神色沉重，文天祥轻声叹道："我到衡阳仅数月，这数月便如数年，想起曾在山中隐居十余年，未闻国事，很是愧疚。今日才知欧阳师父'国事成败在宰相，人才消长在台谏'的深意。现元兵经过十年休养，又来侵犯大宋，用五年时间，攻破襄、樊，至今未见朝廷振作，只是自己忧心。"

江万里凝视着文天祥，缓缓地说："'近来又报秋风紧，颇觉忧时鬓欲斑。'你这诗句虽作于山中，哪里是未闻国事了？我当日读这传抄而来的诗篇，便知你其实没有辜负自己的才华，没有失去志向。守道有你这样的学生，我也觉欣慰。"

文天祥听江万里吟出自己的诗句，拱手说："天祥的粗陋之作，实不敢辱师公清听。自到衡阳以来，经常听说元军驻扎长江对岸，意欲南下，不知我朝有什么对策？"

江万里苦笑一声，站了起来，踱着步说道："对策？我听说，贾太师连朝也不上，声色犬马，日日以斗蟋蟀为乐，朝廷竟然未拨一兵一卒去前线迎敌。依我看，现元兵用五年时间攻下襄、樊，兵疲将乏，暂时还无力渡江南下。可这危机已显，等元人造船休整好了，便是烽烟再起之时了。"

文天祥也跟着站起，脸上显出担忧，激愤地说道："难道朝廷竟甘愿坐等元军攻来？我大宋万千百姓，断不可遭元军渡江屠戮！"

江万里缓缓点头，伸手在文天祥肩头轻拍，"人生七十古来稀。今老夫七十六岁了，这把朽骨是难有作为了。眼见天时人事，大变在即，老夫见人多了，如今挽救大局的重任，要落在你的肩上了。"说罢，江万里枯瘦的手掌停在文天祥的肩头，用力按了按。

文天祥胸口热血上涌，慷慨说道："只要天祥有一口气在，一定不辜负师公今日所说的话。"

江万里缓步走到窗前，推开窗户，外面的雨声顿时大了起来。他凝思片刻，转头说道："这次襄、樊被攻陷，你须记住一人，恐怕日后，便是你与他之间的交锋了。"

文天祥走到江万里身边站住，拱手说道："请师公明说。"

江万里伸手关窗，转身对文天祥说："二月破襄、樊的元军大将名叫张弘范，攻打樊城时，听说他肘部被箭射伤，仍身先士卒。他若只是一勇之夫还好，难对付的是他还很懂兵法。元军水陆并进，先破樊城、再取襄阳的谋略也出自他手。果然，樊城一失，襄阳无险可守，吕文焕见大势已去，便投降了元军。"

文天祥双手握成拳，恨声道："吕文焕世代受朝廷恩惠，竟然贪生怕死，实在可恨！"

江万里脸上掠过一丝苦笑，温言道："投降固然可恼，可吕文焕也有苦衷，守孤城五年，也是不易，如今自身背负骂名，却也救了全城的百姓。只要他日后不为虎作伥，不提他也罢。"

文天祥紧咬嘴唇，悲愤不答。

江万里见状，轻声一叹，说道："吕文焕虽降，你也须看到，我大宋军民，并非个个贪生怕死。荆湖都统制范天顺，在城破那天留下'生为宋臣，死为宋鬼'的壮言后自缢殉国。他的副将牛富，率百余死士巷战，杀敌无数，受重伤后触柱赴火而死。裨将王福见牛富殉难，大喊：'将军死于国事，我岂宜独生？'也赴火而亡。我大宋有这样视死如归的壮烈男儿，实不惧元军势大！"

文天祥听得血脉偾张，拱手说道："天祥无须去记张弘范，当记范天顺、牛富、王福等铮铮铁骨之人！"

江万里又一次凝视文天祥，一字一顿地说："都记住，张弘范是劲敌。知己知彼，方可护我大宋江山。"

二人谈得投机，文天祥索性留了数日，日日与江万里互倾胸臆，纵论国事。好在襄、樊虽破，长江天险尚在，二人终究是未上过战场的书生，此时仍把希望寄托在元军不习水战之上。可是数日后，当投降忽必烈的南宋潼川安抚使刘整被任命为都元帅，打造战船、编练水军的消息传来时，江万里和文天祥互看一眼，心知他们唯一的希望已脆弱无比。

辞别江万里时，文天祥有一种后会无期的感伤在大雨中无边无际地弥漫。

3

半年之后，咸淳十年（1274）正月二十五日。

一条船从衡阳码头起碇，逆湘江南下，船头站着蹙眉沉思的文天祥。

"眼见天时人事，大变在即，老夫见人多了，如今挽救大局的重任，要落在你的肩上了。"江万里的殷殷之言已不知多少次在文天祥耳边响起。此刻面对浩浩江流和两岸的隐隐青山，文天祥视野渐开，心中的波涛却起伏难平。

从潭州返回衡阳之后，文天祥无日不被忧患侵扰。江万里的话他一天也不敢忘，但对该如何才能担起"挽救大局的重任"却一筹莫展。他知道自

逆湘江南下的文天祥，蹙眉站在船头沉思。

己在湖南为官，没有根基，一旦元兵渡江，不可能有什么作为。某夜深思间忽然想起江西故土。没错儿，江西是自己生根之地，那里有留居文山的门客刘洙、骁勇善战的赣州三寨巡检尹玉、吉州敢勇军将领张云、意志坚定的豪士邹渢（fēng）、熟读兵书的张汴，此外还有妹夫彭震龙、同乡友人邓光荐等，若将他们聚集在一起，不怕拉不起一支义军。眼下"大变在即"，若不未雨绸缪（chóu móu），只能是束手待毙。念头转至故土，文天祥即刻上书朝廷，以服侍年迈的祖母和母亲为由，请求调任江西。当得到知赣州的任命后，因江万里已因病辞官，文天祥遂从未待满一年的衡阳动身，从水路前往赣州赴任。

看着湘江北去，浪涛滚滚，江风将文天祥的衣襟吹得左摇右摆，他丝毫不觉，抬头凝视天宇，喃喃说道："愿上天多给我一些准备的时间，以救社稷百姓。"

茅庐问略

1

文天祥抵达赣州时是三月初。时间很快，转眼就到了第二年（1275）正月初一。

虽是新年第一日，文天祥却无心张灯结彩，早上起床后，只觉连日来的心神不宁到了极点。他的夫人欧阳氏亲自端来早餐，文天祥勉强吃了几口，便让欧阳氏将门客刘洙叫来。

刘洙即刻来见，问有什么事，文天祥说要与他下盘棋。

当下二人在棋盘上排好阵势，跳马行卒，激烈厮杀。文天祥原本棋艺不低，今日却连连失误，丢车（jū）失炮，节节败退。刘洙略作迟疑，仍动手飞马，将文天祥残存的一只"相"吃掉，抬头说道："今日大人心思不在下棋上，为什么呢？"

文天祥久久凝视棋盘，慢慢说道："士、象全无，帅失护卫，这难道不是败局已定？"说罢脸色落寞，扔了棋子便要认输。

刘洙忽然笑道："护卫决定不了终局，大人尚有一马三卒，仍有反败为胜的机会。"

文天祥站起身来，说："这局棋已经输定。近日心神不宁，总觉得有事将临。"

刘洙见文天祥意兴阑珊，倒有些后悔刚才一心争胜，搏杀过急，也跟着站起来，跟在文天祥身后说道："大人日日忧心国事，难得有空闲的时候，刚才一局棋而已，不必入局过深。"

文天祥叹息一声，道："棋势便是局势，局势便是天下势，纵有外围义军，京师没有护卫，便给了对方直捣核心之机。赣南距朝廷太远，音讯难通，现在只知去年七月，陛下驾崩，新皇帝才四岁，朝政由太皇太后主持。想想又是一年虚掷，不知京师什么情况，心中忐忑。"

这时门人来报，赣州三寨巡检尹玉求见。

文天祥料想尹玉是为贺节而来，虽无心情，还是让他来见。

只见大步入内的尹玉脸色惊慌，文天祥迎上两步说道："何事惊慌？"

尹玉声音焦急："下官刚得讯息，元军早在半年前，忽必烈左相伯颜统军二十万，从襄阳出兵，沿汉水南下，上月已攻取鄂州了！"

文天祥忽然听到凶讯，脸色大变，瞪着眼睛道："我一早便心神不宁，还真是天下有变！鄂州失守，京师危急。如今战况如何？"

尹玉脸色沉重，说道："听说朝廷命太师贾似道统十三万精兵迎敌。"

"贾似道！"文天祥愤然握拳，沉声道："如此专权误国之人，堪比当年的丁大全，现在朝廷命贾似道督军，怎么会是上策？"

刘洙和尹玉不知如何回答，两人面面相觑，又同时看向文天祥。

文天祥抬头凝视刘洙，说："此处消息传递不易，你立刻动身，快马前往京师，有什么消息，速速报来。"

2

不过数日，天气愈寒。初十时，大雪纷纷扬扬而下，赣州城内，一夜间白茫茫一片。文天祥平日惯望的西北山峰的郁孤台已融入天地，看不见了。

刘洙返回时已是正月十三。十四日一早，文天祥带上数名随从，冒雪前往城南的陈继周茅庐。一路上，文天祥骑马走在最前面，大雪落在肩上、马上，连胡须上也沾有不少雪片。

陈继周听说文天祥来了，并没有亲自迎接，只命次子陈子榘（jǔ）将文天祥带入内室。

文天祥命随从在屋外等候，自己跟随陈子榘入内。到了最里间后，须发俱白的陈继周从火炉边站起拱手，声音淡淡地说道："平日听说文大人喜居山林，不知为何会来老夫陋室？"

文天祥双手抱拳施礼，说："晚辈自到赣州，听说先生的大名很久了，一直想来拜访，只是怕隐居之人，不喜打扰，所以迟迟没来，今日冒昧，来得唐突了。"

陈继周手抚长须，面带微笑，说："新春未尽。文大人亲来，不知有何指教？"

文天祥仍是拱手，道："三十五年前，先生中举，先后在廉州、衡阳任官二十八年，于淳祐八年（1248）辞官，隐居山林。先生风范，晚辈心慕已久，今遇难题，实不得已，恳请先生赐教。"

陈继周微微一笑，说"文大人请坐。"

二人落座后，陈继周说道："文大人殿试夺魁，第一封奏疏，便是请求斩杀董宋臣，天下闻名，老夫佩服已久。去年三月，知文大人来此任职，心中很是欣慰，只是老夫长时间不知外面的事了，不知文大人遇何难题？"

文天祥见陈继周言谈举止从容，有股泰山崩于前而色不变的气度，暗生敬意，遂从怀中取出一卷文书，双手递过，说"这是太皇太后所下《哀痛诏》，是晚辈门客昨日从京师带回的，请先生过目。"

陈继周伸手接过，展开细读。读毕后沉吟不

语，眉头微皱，又再次展开诏书，一字一字念道："三百多年的恩惠，对人的影响非常深刻；千百万的生灵，祈望上天的庇佑。屡次颁下哀痛的诏书，在这危急的关头，还需要仰赖文事武功都很出色的臣子，拿朝廷的俸禄，不要回避国家的危难；忠肝义胆的人，把天子所痛恨的敌人作为自己的敌人，献上自己的功绩。有国然后才有家……"

他念到此处，忽目光炯炯，凝视文天祥，缓缓说道："江山震荡如此，这数月间竟是天翻地覆了！"

文天祥见对方始终从容，心中忧急竟也稍稍平息，说道："去年九月开始，元军乘先帝驾崩，分两路进军。黄州、蕲州、江州、德安、六安相继失守。此《哀痛诏》乃太皇太后去年十二月二十一日所下，晚辈昨日才得，心忧不已，故来先生处，恳求能得到先生方略。"说罢，文天祥站起身来，朝陈继周深深一揖。

站在陈继周身后的陈子絜快步走到父亲身边，急声道："爹，如今江山危急，我们不可再不问世事了！"

文天祥朝陈子桀点点头，又看着陈继周，说："昨日晚辈还得到勤王圣旨，恳请先生助一臂之力！"说罢，又是深深一揖。

陈继周见儿子又想说话，举手一摇，示意不要插言，眼望文天祥说："文大人乃文臣，手无一兵一卒，该如何勤王？"

文天祥双目凝定，说："今元强宋弱，晚辈深知，勤王乃以卵击石之举，只是太皇太后说的不错，我朝三百余年，德泽深入人心。现在天下征兵，晚辈只希望天下忠臣义士，闻风而起。若社稷能全，即便捐躯殉国，也在所不惜！"

陈继周闻言，双手一拍，说："文大人忠心，日月可鉴，我虽年纪大了，却与文大人之心无二。今方略只有一途，大人可速速发檄（xí）文招兵，老夫也当召闾里豪杰，与文大人同心协力，勤王京师！"

文天祥听了，忧急中涌上喜悦，说："有先生扶助，勤王当成！"

3

文天祥知陈继周声名远播，得他相助，心中大奋。回府之后，即亲写檄文，散家财为军饷，以江西提刑之名，传檄八方，征集粮草。不过十日，从赣州、吉州、广东等地应檄而来的义士无数。

到正月底时，投军的已达万人。文天祥喜中有忧，他知道自己对行军打仗一事不甚了解。虽说命刘洙为督帐亲卫，但如何练，刘洙并非顶尖内行。文天祥此时方体会"千军易得、一将难求"的深意。

与刘洙商议间，门外军士来报，有一自称"王应梅"的太学士求见。

文天祥常听说王应梅年纪虽轻，却才华出众，听到他来，心中大喜，命人带王应梅入内。

文天祥起身迎客，见进来的青年器宇不凡，当即拱手为礼。

王应梅掀袍落座，眼望文天祥说道："应梅听闻文大人传檄八方，欲督师勤王，深为感佩，不知今已聚兵多少？"

文天祥手指刘洙，说道："适才刘监军来报，刚刚过万。"

王应梅看了刘洙一眼，又看向文天祥，眉头微皱："今元兵三路进军，文大人只有这区区万人，难道不是驱赶羊和老虎斗？"

刘洙大怒，喝道："我们辛苦聚兵，你一介书生，如何说这些无礼的话？"

文天祥举手一摇，示意刘洙不要打断，凝视王应梅，缓缓道："乐人之乐者，忧人之忧；食人之食者，死人之事。今文某只能前进，没有退路，盼天下豪杰相助，以御强敌。"

王应梅脸上闪过敬佩之色，拱手道："文大人一腔热血，应梅深佩。可对阵之间，终究不是凭热血可行，应梅筹思多日，大人若是训兵，当多征淮卒。淮地久经战阵，今江、广义兵，忠勇不缺，所缺乃经验，若以淮卒训新卒，何愁义师军力不一日千里？"

文天祥大喜道："您说的话，令文某茅塞顿开，足下可否为训军之首？"

王应梅微微摇头，叹息道："应梅父殁（mò）

文天祥抬手示意正在与王应梅争执的刘沫不要再说。

未葬，母病危殆，尚难入军。如今天下危机，待应梅葬父侍母之后，必来相投。"

4

文天祥果然多召淮卒，以旧训新，义军越聚越多，陈继周也率次子陈子桀及义士欧阳冠侯等二十三名豪杰来投。文天祥留陈继周为幕中，其他将领如邓光荐、何时、萧敬夫、萧焘夫、尹玉、张云、朱华、麻士龙、刘伯文、彭震龙等也各授其职。到四月初时，文天祥眼见军士训练完毕，即刻下令，大军取道临安勤王。

陈子桀先来请命，率小部快马先行，打探军情。文天祥点头应允，亲送陈子桀率一百骑兵离城之后，督令各师，祭旗出发。

勤王受阻

1

文天祥义军于四月中旬抵达吉州。

刚刚入州安顿好，先行探听消息的陈子槊飞马来吉州会合。

一看陈子槊脸色沉重，文天祥内心顿感不祥，急声问道："子槊可探得鲁港讯息？"

陈子槊咬牙道："我军……鲁港大败！"

文天祥霍地站起身来，提声惊道："贾太师率十三万精兵迎敌，竟败得如此之快？"

陈子槊悲声回道："我军未及交锋，从鄂州败退的水军统领夏贵就临阵脱逃，水军没了主帅，自然一败涂地，孙虎臣统率的七万前锋也被伯颜两面夹击打败。贾太师不敢反击，立刻乘船逃往扬州，还上书朝廷，请求迁都。十三万大军，已是全军覆没。"

文天祥又惊又怒，望着陈子桀，继续问："元军此刻在何处？"

陈子桀脸色更为沉重，低声道："伯颜已进占建康（今江苏南京）！"

文天祥"啊"的一声，脸色苍白，双眼圆睁道："元军进占建康，岂不是已逼近京师？"他快步走到桌旁，手指在军事地图上指画："京师之北，只有抚州、常州为最后屏障，伯颜从建康攻打京师，我军就算插翅，也赶不上拱卫京师了。"他颓然坐入椅中，心情悲愤至极，手中的军事地图被抓成一团，再看陈子桀欲言又止，立刻又问："还有什么事没说？"

陈子桀眼神悲伤无比，泪水涌至眼眶，艰难说道："鲁港兵败之时，饶州也破，江万里大人义不受辱，与家人投水殉国了。"

文天祥猝闻噩耗，"啊"了一声，大喊道："师

公！"随着这声呼喊，再也忍耐不住泪水上涌，右手握拳，往桌上狠狠砸去。

2

悲愤与疲倦，使文天祥不得不在吉州休兵一日，第三日上午，正欲行军时，忽然听到朝廷派人已至吉州。文天祥即刻亲迎使者入室。

前来的使者是三名宦官及二十名军士。

当先宦官姓杜，站在室内，淡淡地说道："朝廷得知文大人率军勤王，欣慰得很，特命小的前来。文天祥听旨！"

文天祥急忙跪下接旨。

圣旨说得清楚，提升文天祥为兵部侍郎。文天祥对官职倒无兴趣，听到后面一句"留屯隆兴府（今江西南昌）"时，惊讶得抬起头来。待杜公公读完圣旨，文天祥起身说道："下官正欲挥师京师，如何命我留屯隆兴？"

杜公公漫不经心地说道："这可是圣上旨意，小的如何知情？"

文天祥悲愤满腔，忍不住提高声音说道："前番圣旨，命我勤王京师，下官好不容易才聚兵两万，尚未抵达，朝廷如何不让我前往？如今京师危急，难道朝廷不知？"

杜公公嘿嘿几声冷笑："朝廷自然知道危急，可朝廷还知道，文大人不过纠集了一些乌合之众，沿路抢掠，前面抚州不怕元军，倒怕大人，今朝廷念文大人勤王之心可嘉，不仅不追究，还给大人升官，想是让大人约束一下部下，文大人可得依旨而行啊！"

文天祥只感手足冰凉，忍不住喝道："这是谁在胡说八道！文某率军前来，一路秋毫无犯，百姓皆箪食壶浆相迎。究竟什么原因，不让文某到京师勤王？"

杜公公仍是冷冷一笑，拱手道："文大人所言，小的一概不知。今圣旨已传到，这就回京复命，文大人遵旨而行吧！"他一掉头，命道："我们回去！"带着随从，大摇大摆地出门了。文天祥强抑怒火，送出门去，看着他们乘马而去，忍不住愤然低喝！

站在他身后的一众将领无不怒火填膺（yīng）。文天祥将他们一一看过，目光停在邓光荐身上，说道："我即刻修书，光荐可快马送往临安，交给右丞相陈宜中大人。我军若留屯隆兴，不仅锐气将衰，还将坐视元军进逼京师。若到那时，谈何勤王？"

3

邓光荐走后，文天祥日日等待。他命邓光荐直接找右丞相陈宜中，是因在自己殿试夺魁那年，包括陈宜中在内的六名太学士联名上书，弹劾（hé）当朝权奸相丁大全，被时人称为"六君子"。仅此一点，文天祥认定陈宜中乃心系社稷之人。按文天祥盘算，不出十日，便会有命自己发兵临安的新旨到来。

转眼十日过去，邓光荐仍未回来，从前线倒是传来常州失守的坏消息。

众将之心，都与文天祥无异，敢勇军将领张云请命，暗自带一队轻骑悄悄前往常州，文天祥应允。张云走后，文天祥陷入既等邓光荐又等张云的焦虑境地。转眼二十多天过去，张云终于回转，带来宋将刘师勇收复常州的喜讯。

文天祥长舒一口气。自鄂州失守后，常州便是前往京师的重要关口，如今终于收复，京师暂时可得保全。张云继续兴奋地禀报："末将还得讯息，朝廷已命入卫临安的张世杰大人总督兵马，眼下张大人已收复平江、安吉、广德、溧阳诸城，军势颇振。"

文天祥经过半年焦虑，今日终于得到一些喜讯，展颜说道："张世杰大人收复多地，料能阻止元军，只是光荐为何还未回来？"说罢，文天祥脸上刚露出的喜色又转为焦虑，抬头看着窗外远处的峰峦，正是红日西沉，又一天过去了。

4

好不容易熬到七月，邓光荐终于在五日返回吉州。

望眼欲穿的文天祥即刻询问京师的情况。

邓光荐虽只离开三个月，竟已容颜憔悴，坐下后对文天祥说道："我到临安之后，即将大人亲笔书信交给了陈宜中大人，没料到，陈大人毫无抗元之心，正是他听从御史黄万石的谗言，捏造我军抢掠的传闻。陛下年幼，无事不听陈大人，所以才下旨命我军留屯隆兴。"

文天祥脸色苍白，恨声说道："陈宜中当年弹劾丁大全，文某还以为他是以国事为重的人，谁料他做宰臣了，却和丁大全无异！"

邓光荐缓缓点头，叹息说道："如今的朝廷，降元官员不计其数，朝中文武也私自溜走的众多。左丞相王爚（yuè）因上奏请求惩治临阵脱逃之人与陈宜中大人不和，后又上奏请求陈宜中以宰相之名出征被拒，数月以来，朝中左右丞相只知在朝堂争权夺利，结果陈宜中大人负气出走去了温州，王爚大人被朝廷罢免。现在太皇太后命留梦炎大人为相，朝中哪里还有主战之人？"

文天祥痛苦地摇着头："光荐终于回来，朝中对我军可有新的旨意？"

邓光荐舒口气，说道："光荐正要告知大人，今扬州、镇江战况吃紧，太皇太后同意我军前往京师了。”

文天祥日思夜想的便是勤王京师，此刻终于得到朝廷应允，心中却是喜少悲多，痛声道："三个月时间，白白消磨……"竟是说不下去了。

邓光荐见文天祥悲不自胜，起身说道："大人勿虑，想我大宋江山，忠勇之士很多。光荐路上已听说，张世杰大人正率刘师勇等部将，率战船一万，进军焦山，欲与阿术决战。张大人曾扼守汉水郢州，水陆两路，都挡住了伯颜，元军猛攻不下，被迫凿河，绕过郢州后才得以进兵，足见张大人惯熟水战。若焦山取胜，京师之危便解，元军未必能到京师。待我军进入京师，足可增强拱卫。"

文天祥缓缓点头，声音也恢复了坚定："明日犒（kào）劳大军，后日出发！"

廷议争锋

1

吉州至临安，路程一千四百多里。经过一个多月行军，文天祥率大军终于抵达浙江境内的衢（qú）州。此处距临安尚有四百余里。文天祥见这支迎晓风、踏残月的义军已异常疲惫，下令休整。这天黄昏，邓光荐忽然来报，朝廷又来了圣旨。

文天祥不敢怠慢，即刻出迎。捧旨而来的竟还是当日在吉州传旨的杜公公。

耳中听杜公公尖声读旨，文天祥听朝廷只是给自己升官，感到无法忍受。接旨起身后，拱手问道："下官斗胆，朝廷可知焦山战况？"

杜公公眉头一动，对文天祥说道："文大人果然是忠心为国之人哪，刚刚升官，就问战事。张世杰大人已在上月初二，被元军一把火烧掉所有船只，全军覆没了！"

文天祥大吃一惊，急声道："焦山失利了？常州如何？"

杜公公见文天祥震惊，倒有点诧异，他在朝中见惯官员只顾身家钱财，哪有为国担忧之人？心下虽敬，仍尖着嗓子说道："常州现今尚保，至于能保多久，就没人说得准了。小的要回宫复命了，不敢和文大人多说。"说罢，他如数月前在吉州一样，掉过头，带着随从护卫离开了。

文天祥慢慢转头，看着身边的刘洙、尹玉、张云等人，艰难地说道："焦山失利，常州危急，我们连夜进军，赶往京师。"

2

宋军焦山之战虽败，好在常州一直坚守，战局呈胶着之势。

到十月时，与王爚不和而负气出走温州的陈宜中被朝廷请回临安，受命为右丞相，与左丞相留梦炎共督天下军马。

刚刚回京，官员们便纷纷登门拜见新任右丞相。将官员一一送走之后，门人来报，刚刚升为资政殿学士的文天祥前来求见。

陈宜中一听文天祥来了，顿时想起数月之前，文天祥率部抵达吉州后，自己指使抚州守臣赵必岊（jié）及宜黄县令赵时秘散布文天祥率军沿途抢掠的谣言，怂恿朝廷下旨，禁止文天祥入京一事，虽心下有些慌乱，还是命人带文天祥入见。

看着文天祥不疾不徐地进来，陈宜中哈哈一笑，迎上几步说道："久闻文大人海内之名，今日得见，果然是闻名不如见面，见面更甚闻名啊！"又仰天打个哈哈，右臂一伸，请文天祥入座。

文天祥来到陈宜中身前，双手一拱，不卑不亢地说道："丞相大人归朝，下官特来拜见。"

落座之后，陈宜中面露关切之色，说道："文大人举义勤王，听说督有两万义师扎营西湖之畔，不知休整得怎样了？本相刚才正想哪日往营寨慰劳，文大人却是先一步来了。"

文天祥拱手说道："下官今日登门，是为两件事而来。"

陈宜中"哦"了一声，说道："不知是哪两件事？本相若做得到，一定相助。"

文天祥双目凝视对方："第一件，下官自八月十九日在西湖扎营，原本等朝廷颁旨，守护京师。不料八月二十六日，朝廷竟命下官知平江（今江苏苏州）府，可下官是为勤王而来，故难从命。不想九月七日，三省勘会，仍命下官去平江，就连太皇太后也下旨命下官'不候朝辞，赶快前去上任'，可太皇太后正月间下懿旨勤王，如今到京师的，只有下官这一支军队，现京师兵寡，如何能分兵到别的地方？此乃第一事。"

陈宜中听罢，眉头微动，缓缓点头，说道："文大人可说第二件事。"

文天祥仍是凝视对方："元军焦山获胜，常州危急，今大人为相，下官僭（jiàn）越一句，不知大人如何调度天下军马？元人兵势汹汹，我朝若不早做对策，恐怕措手不及。这是第二件事。"

陈宜中又是眉头一动，沉吟着站起身，背手踱步说道："朝廷下旨，命文大人知平江府，文大人虽抗旨不遵，朝廷却未做追究，反于九月十六日提拔大人为资政殿学士，足见朝廷对文大人勤王之举，甚是褒扬。"他停下脚步，看着文天祥续道："文大人既知常州危急，难道就不怕常州一失，平江便是前敌？如此重地，委任文大人前往，难道不是天下倚重？文大人勤王京师不假，可战事多变，守住平江，便是守住京师门户。依本相来看，文大人还是依旨而行，才是没有改变勤王初衷，本相说的有理吧？"

文天祥听了，心中悲凉，他自然听得出陈宜中嘴上说得漂亮，其实是不想让自己留驻京师，在朝中施加影响。他更知道，天下岂止常州危急，真正危急之地其实是临安。若分兵到平江，无异将京师捉襟见肘的兵力来一次釜底抽薪，真到元军兵临城下之日，京师将很难有可以相抗的军力。

他尚未回答，陈宜中的声音又在耳边响起："文大人第二件事是问本相对策。本相纵观朝廷，除了文大人，无人可驻平江迎敌。本相实不相瞒，今日已写好奏章，明日上呈陛下，就请文大人率勤王之旅，往平江驻扎。文大人不会再次抗旨不遵吧？”

文天祥起身，对陈宜中拱手说道：“丞相所言不差。下官尚有一道表疏，先呈给大人。”

陈宜中脸色不动，“唔”了一声，伸手接过文天祥从怀中取出的奏疏，展开来读，见上面写道：“……我大宋接受五代分裂割据的教训，削除藩镇建立郡县城邑，虽然一时去掉了尾大不掉的弊病，但是国家因此渐趋衰弱。所以敌人到一州就攻破一州，到一县就攻破一县，中原沦陷，悔恨、痛心哪里还来得及？现在应当把天下划分为四镇，设置都督当统帅。把广南西路合并到荆湖南路，在长沙建立治所；把广南东路合并到江南西路，在隆兴建立治所；把福建路合并到江南东路，在番阳建立治所；把淮南西路合并到淮南东路，在扬州建立治所。责令长沙攻取鄂州，隆兴攻取蕲州、黄州，番阳攻取江东，扬州攻取两淮，让他们所辖地域大，力量强，足以抵抗敌军。约定日期一齐进攻，只许进，不许退，夜以继日，敌军虽多，但兵力分散，只能疲于奔命。而我大宋民众中的英雄豪杰，在其中等待机会攻敌，这样的话，打败敌兵也不是什么难事了。"

读过之后，陈宜中眉头微动，说道："文大人计是好计，只是元军已近在咫尺，今日来提，不免有些晚了，不必上奏朝廷了。"

文天祥眼中闪过悲色，拱手说道："天色不早，下官暂且告退。"

3

第二天上朝，陈宜中果然呈上奏折。

五岁的皇帝赵㬎（xiǎn）坐在龙椅上，他的祖母太皇太后谢道清和母亲全太后垂帘在侧听政。

待殿前宦官将奏折送至帘后片刻，从帘后传出谢道清又苍老又忧急的声音："准右丞相之奏，常州危急，平江须守。传哀家懿旨，命资政殿学士文天祥率师驻守平江！"

文天祥站在殿下，听到谢道清口传懿旨，站出来拱手说道："臣接旨！"

陈宜中看也不看文天祥，又躬身说道："臣一夜未眠，思得一计，可退元兵。"

谢道清的声音立刻从帘后传出，这次却是语带惊喜："丞相有何妙策？速速说来。"

刚刚接旨的文天祥也不觉一怔，万万没有料到陈宜中居然想到了退敌之计，当下和众人一齐看向陈宜中。只听陈宜中声音不高不低地说道："大宋立国以来，频频受到异族侵扰，先是辽人，后是金人，今是元人，细察之下，侵犯我们国家的，都是北地苦寒之族，衣食难全。之所以屡次发兵南征，不过是羡慕我天朝国家富足，想多得些丝绸银两。臣想先帝真宗，与辽人签订澶（chán）渊之盟，赢得宋辽间百年没有战事。如今元人来侵犯，依照臣的看法，也不过欲与我朝签下和约，他们若得到岁币丝绸和几处城池，就会退兵北返。请太皇太后详察、太后详察、陛下详察！"

陈宜中此言一出，朝中顿起一阵议论。文天祥愤然出列，高声说道："丞相这么说不对！元人与我朝交锋四十年。忽必烈野心昭彰，哪是当初辽人

面对日益逼近的元军，文天祥等上朝商议退敌之策。

可比的？现在的形势，只可阵上退敌，让他们不敢贪图江南！"

陈宜中冷笑一声，仍面对垂帘方向，高声说道："文大人以为本相就不想上阵退敌？可鲁港一战，我军溃败，焦山一战，又是溃败，现在天下可用的兵日渐减少。文大人如今去平江，能否守住，尚是未知，难道非得等京师被围，再演靖康之事吗？"

朝中又起议论，文天祥耳中所听，大多是对陈宜中的附和之声。

谢道清的声音再次从帘后传来："依丞相所言，何人可与元人交涉？"

文天祥一听，太皇太后竟是欲听从陈宜中求和之议，但他瞬间明白，陈宜中所说的"再演靖康之事"六字，对谢道清打击太大，后果实是无人可以承受。文天祥还没来得及说话，陈宜中已躬身说道："太皇太后明鉴，现在充当元人先锋的，是曾守襄阳的吕文焕大人。吕大人当初迫不得已，投降元人，可他终究还是宋人。以臣的看法，可使吕大人与元人交涉，必获成功。"

此时传出全太后惊慌的声音中："吕大人既已降元，怎么还会为我朝求恳？"

陈宜中的回答像是胸有成竹："太后勿虑，如今吕大人的亲侄子吕师孟在京，不妨命他为兵部尚书，为议和使者。此外，吕大人的兄长吕文德虽然病故，也不妨追封为和义郡王。吕大人得知后，必知朝廷真诚的求和之心，如此便可江山无虞、百姓免灾了。"

文天祥怒不可遏，站出喝道："前方将士喋血奋战，正是为了大宋江山万世绵延，岂可一味求和、姑息养奸？"

"姑息养奸？"陈宜中终于转头看向文天祥，"文大人平时在江西休养，朝中的事，历来所知甚少。文大人以为本相想降元人吗？文大人可知咸淳六年（1270），范文虎中途逃窜，本相请朝廷诛杀，被贾似道包庇没有成功，后范文虎投降，本相气得要吐血。只是此一时彼一时，现在满朝文武，拿朝廷的俸禄，就要对朝廷忠诚。文大人前往平江，当守城为上；本相在临安，当议和为主！"

文天祥尚未回答，谢道清的声音已急急传出：

"就依丞相所奏，传哀家懿旨，追封吕文德大人为和义郡王，任命吕师孟为兵部尚书。"

朝中大臣齐齐跪倒，同声说"臣接旨"。唯独文天祥站立殿下，手足冰凉，恍如一尊遗世独立的孤寂石像。

损兵折将

1

文天祥率军抵达平江，已是十月二十日了。平江通判王矩之和都统制王邦杰出城迎接。文天祥见二人始终心神不宁，也不多说，率部入城。

升帐之后，王矩之即刻上前禀报："如今元军分三路进攻，一路由阿喇罕统军，从建康（今江苏南京）出发，进攻独松关；一路由董文炳出江入海，以范文虎为先锋，进攻澉浦（gǎn pǔ，今浙江海盐）和华亭（今上海松江）；第三路进攻常州的是元军主力，由伯颜率领，吕文焕为先锋。"

文天祥看着王矩之，见后者脸上肌肉微抖，

显是恐惧所致，当下温言道："兵来将挡，水来土掩，无须害怕敌人。"他眼望众将，缓缓说道："常州紧靠运河，一旦失守，元军便可沿河而下，攻平江，进临安。"说罢，开始调兵遣将，四面守城。

数日后，守城军士来报，朝廷派遣张全率两千淮兵增援常州，此刻已至城外。文天祥闻讯大喜，立刻迎张全入城。文天祥深知常州得失，是战局重心，不敢留张全驻军，又见张全满脸骄横，未把常州之危放在眼里，害怕他骄兵必败，遂命尹玉、朱华、麻士龙领勤王义军三千，随张全一同去常州增援。

刚进十一月，天气突然变得寒冷，这日城外有数人叫嚷着让开城门。文天祥听得来人是朱华和四名军士，大吃一惊，立刻亲自到城头上，只见城下朱华等人浑身是血，急忙命令开城门。

朱华等人见文天祥亲下城楼，顿时哭拜在地。文天祥见他们浑身血污之外，手指都断了，震惊不已。朱华擦着泪说："我们三千弟兄，就只我们几个回来了。"文天祥发出一声惊呼，喝道："怎么会全军覆没？你们手指怎么断了？快说！"

朱华忍不住再次哭道："我们随军增援常州，途中张全命麻士龙去虞桥，我和尹玉去五牧。兵分两路后，皆遇元军。当麻士龙在虞桥血战，全军阵亡的噩讯刚刚传来，元军又进攻五牧。我军以寡敌众，战至深夜，被另一支元军迂回包抄，只得退却。尹将军杀敌无数，身中多箭，被元军四支长枪架到脖子上，受棍击打而亡。"

文天祥听到噩耗，眼珠似将爆裂一般，喝道："张全手下有精兵两千，为什么不去救？"

那四名军士再次痛哭失声，朱华答道："张全的兵对岸，只要稍施援手，我军就能反败为胜，但他却始终不发一兵一卒，眼睁睁看着我军覆灭。眼见部卒所剩无几，我让他们渡河退守。原以为张全水师会救下我们，不料张全为了远离元军，悍然下令，谁攀住船舷就断谁的手指，结果溺死的军士无数。我们可受元军千刀，却没料到手指竟是被张全斩断！"

文天祥目眦（zì）欲裂，急忙命令随从将朱华等人送去看伤，自己满腔悲愤，疾步回到军帐，提笔给陈宜中写信，请求斩杀张全，以正军法。

信写好之后，文天祥手指哆嗦，将信纸塞入封函，随着无可抑制的滚滚热泪，将手中笔愤然摔到地上，痛声喝道："张全！你斩断的岂是我军手指，是大宋的江山啊！"

2

文天祥的信函送走没多久，十一月二十日，守城军士又来禀报，称城外有自称常州统制的刘师勇等八骑到了城外。文天祥一惊。刘师勇于半年前收复常州，实为勇将，今日率八骑前来，难道常州已失？

文天祥急令将刘师勇等人迎进城内。

进入大帐，只见刘师勇等人与数日前败回的朱华等人无异，都是征袍染血，虎目含泪。

文天祥起身说道："刘统制为何来此？难道常州……"

刘师勇难抑泪水，拱手说道："常州已于十八日失守，知州姚訔（yín）大人、通判陈炤

（zhào）大人死难，王安节大人被俘殉国，刘某仅以八骑突围。"

文天祥最初听说张全带兵逃跑，自己部下死难三千，便知常州难守，却料不到丢失这么快，闻言脸色苍白，双手握拳，缓缓道："常州还是失守了。"他蓦然抬头，对站在身边的次妹夫彭震龙说道："震龙速去京师禀报！"

彭震龙刚要领命，刘师勇已开口说道："文大人招义师不易，身边人不宜分散，刘某当自前往京师，大人不要阻拦！"说罢，双手抱拳，用力一揖。

文天祥略一沉思，知道刘师勇所言不差。自己部下每人都已做安排，刘师勇前往京师，亲自报告常州失守的情况，远比未在现场的人禀报更能震动朝廷，当下说道："刘统制身上有伤，可否先调养？"

刘师勇慨然说道："区区小伤，不值一提。张全奉旨支援常州，临阵逃脱，文大人就是想正军法，也难斩朝廷的人，刘某如今亲自入京师禀报，定要斩张全之首！军情不可缓，刘某立刻前往京师。"

3

刘师勇走后不到四个时辰，朝廷派的人已抵达平江。

来人仍是数次给文天祥传旨的杜公公。

原来张全逃跑、常州城被围之际，刘师勇等守将已急报京师。临安自知常州危急，比平江更为重要的独松关（今浙江安吉）不得不增兵援守，该地是建康经广德至临安的咽喉要地。眼下张全逃跑，朝中无人可派，只得命文天祥进驻余杭，增援独松关。

文天祥听了圣旨，一时无言。独松关对临安固然重要，但若放弃平江，无异敞开了另外的门户。文天祥未做思虑，对杜公公说道："今平江与独松关，俱为京师门户，如何能守一地、弃一地呢？即便守住独松关，若平江丢失，京师同样危急。朝廷难道不知道？"

杜公公摇头说道："小的只知传旨，文大人还是奉旨而行吧！"

文天祥忧急之下再问："可否让下官分兵？一

部守平江，一部支援独松关？"

杜公公面露诧异，说道："小的不过传旨之人，怎么能与文大人商议军情？大人要么接旨往独松关，要么拒旨留守平江。"

送走杜公公后，文天祥回来与众人商议，众人都觉得不可弃守平江，倒不是独松关不重要，而是驰援数百里，人困马乏，未必是元军精锐的对手，平江毕竟已准备充分，足可迎敌。文天祥左右为难，若抗旨不遵，也是大罪。

犹豫中过了两日，十一月二十二日午时，又有一人前来传旨。原来刘师勇昼夜不歇，已抵达京师，面奏军情。在陈宜中和留梦炎看来，常州失守，临安北侧的主要屏障独松关非得守住不可，只有守住该地，才能挡住从临安北面来的元军。所以在杜公公还未回朝之时，又让朝廷追发第二道圣旨，命文天祥往独松关增援。对张全逃跑一事，竟姑息不予追究。

文天祥连接圣旨，知道自己不能再留在平江，长叹一声，召来王矩之和王邦杰，嘱咐二人留意守城。二人见文天祥要带兵离开平江，俱是脸色发白，口中诺诺称是。文天祥当日下午点军完毕，在北风骤起、冬雨连绵的萧瑟中往独松关方向而去。

4

从平江至独松关近三百里。文天祥大军出发之后，冬雨骤急。文天祥决心一下，便无反顾，一马当先，催动大军前行。

刚刚走了两日，冬雨中见前面有数十骑仓皇奔来，倒拖旗号，乃大宋之旗。

文天祥走到旁边一处小山丘上张望。

不多时，那些骑兵奔至文天祥身前，立刻翻身下马，抱拳行礼。

文天祥见他们衣甲不整，暗暗吃惊，问道："你们是何地宋军？"

当先一人说道："是文大人吗？"他见文天祥点头，便急急说下去："我们是独松关张濡部下守军，特往平江去见大人。"

文天祥急问："独松关战况如何？"

那人悲声道："关隘于昨日被元军攻克。"

文天祥"啊"的一声惊呼，双眼圆睁，喝道："独松关高山幽涧，狭谷相通，怎么会失守？"

那人眼中含泪，说："元军主力来攻，我方兵微将寡，张濡大人只抵抗了两日，便弃关而走，我军群龙无首……"那人再也说不下去了。

文天祥眼望长空，密如丝线的冬雨仍下个不停，他转头对身后的马上诸将说道："独松关既已失守，我们不可再往，速回平江。"他身后张云、邓光荐、何时、萧敬夫、萧焘夫、刘伯文、彭震龙等将领全部掉过马头，挥鞭往后队而驰，一路大喊："大军回转平江！"

冬雨越下越大，全军将士转身，往平江进发。

当夜扎营后，文天祥正在灯烛下细看军事地图，外面又一片喧哗。邓光荐带着几个平民入见，他们个个脸色惊慌。

文天祥站起身来，说道："你们……"

那几个百姓一见文天祥，齐齐跪地，大哭道："通判王矩之和都统制王邦杰将平江献给元军了！"

文天祥连闻噩耗，猝然头晕，他定定神道："文某离开平江不过两日，他们怎么就献城投降了？"

其中一个百姓哭道："元军今日一早，到了平江，王矩之和王邦杰未发一箭便开城门投降了，我们冒死偷偷出城，拼命来追文大人，告知此讯。"

此时冬雨更猛，天空突然传来一声炸雷。

文天祥眼望邓光荐，沉声喝道："传我将令，大军连夜拔营，赶往京师。"

临安围城

1

此时京师一片混乱，独松关失守、平江投降的噩耗接二连三传入朝廷。陈宜中与留梦炎大惊失色。元军拿下独松关和平江，下一步兵锋所指，自是无险可守的临安了。

要么战，要么降，临安朝廷没有第三条路可选。

文天祥率领大军日夜行军，十一月二十七日到达临安。

他见到陈宜中，即刻请命守城。

陈宜中慌张不已："如今你部下只有三万人，另外张世杰的五万军士驻扎在六和塔，这区区八万人马，怎么守得住临安？"

文天祥慨然说道："我军士卒虽少，却同仇敌忾（kài），足可和元军决一死战！"

陈宜中摇头说道："元军势大，不如等太皇太后懿旨而行。"

文天祥见陈宜中毫无抵抗之志，心内悲愤，当即说道："下官先与张世杰大人商议。"

说罢，文天祥带着邓光荐、张云、彭震龙三人催马直奔钱塘江畔。

张世杰听说文天祥到来，即刻来迎。

张世杰平时常听到文天祥大名，见他前来，特别惊喜。

二人携手入帐，分宾主落座。

张世杰眼望文天祥，说道："今元兵压境，张某奉旨而来，却见朝廷一片求和声，实在是愤慨。张某久与元军交手，知他们的锋芒，如今京师兵微将寡，张某忧心如焚，不知文大人有什么退敌之策？"

文天祥见张世杰开门见山，当即说道："张将军快人快语，本官适才路上筹思一计，正待与将军共议。"

张世杰眉目一展，说："文大人快快请讲。"

文天祥凝视对方说道："今淮东州郡坚守江北，闽广各路，金瓯（ōu）无缺，敌军虽连番取胜，却是孤军深入，现在放缓进军，估计是粮草难以为继，不足为惧。现京师勤王之旅，已有八万之众，尽可决一死战。我军情绪激昂，未必不能取得城下大捷。一旦破敌，即可命淮东出兵，截杀敌军后路，国事便有转机了。"

张世杰听了，拍手起身道："文大人这番话，正合张某之意。如今事不宜迟，你我一同上书，与敌军城下决战！"

2

两日之后，竭力回避的陈宜中终于将文天祥请进相府，将后者奏疏看过，脸色苍白，断然说道："决战之议不可！现今元人兵锋正盛，若是决战，无异以卵击石，待本相先奏明朝廷，请太皇太后定夺。"

文天祥大急，起身说道："当今陛下年幼，太皇太后不知城外之事，丞相督天下兵马，可发令破敌。"

陈宜中摇头道："八万人马，谈何一个'破'字？事关江山，怎能不听太皇太后懿旨？"说罢，陈宜中不让文天祥再说，命其等候，自己离开相府，往皇宫请见太皇太后。

一个时辰后，陈宜中回府，再入正堂。

文天祥一见陈宜中进来，立刻起身，迎上数步，说："不知太皇太后可否下旨迎敌？"

陈宜中走到文天祥面前，说声"文大人且坐"，自己面带沉思，先行落座。

文天祥仍是站着，道："太皇太后是否下旨迎敌？"

陈宜中抬眼看看文天祥，缓缓摇头道："太皇太后有旨，'王师务宜持重'。"

文天祥眼露惊讶："朝廷不让下官迎敌？"

陈宜中不冷不热地说道："大宋天下，赵家王朝，文大人着什么急？当今太皇太后非但不允许交锋，还命本相派岳柳、陆秀夫、吕师孟三位大人前往伯颜营寨，请求称侄纳币，这是如今的形势，唯议和可行啊。"

文天祥悲愤至极，道："元军残暴，天下皆知，陈大人为何不阻止议和？"

"阻止？"陈宜中微微一声冷笑，"文大人还是管好自己手下的兵马，别给朝廷惹出什么乱子才好！"

3

文天祥离开相府，内心抑郁难当。元军逼近京师的讯息四处弥漫，全城被一片恐怖笼罩。文天祥牵着马，心情沉重，沿路所见军民，无不惊慌失措。

文天祥站立片刻，看着四周慌乱的人群，悲愤中他头脑陡然一片清明："明明占据上风的伯颜大军不继续进军，绝非粮草不继，而是想充分利用南宋朝廷求和之愿推迟进军，若逼得宋室背水一战，或干脆弃城而走，京师财物不是被带走就是被焚毁，伯颜即便夺了临安，所获利益也将大打折扣。"想到此处，文天祥既忧虑，又隐隐感到一丝希望。如果伯颜果是欲擒故纵，临安便有喘息之机，至于能坚持多久，却是谁也不知了。

无论如何，这是稍纵即逝的主动权。

心念至此，文天祥踏蹬上马，到陈宜中相府商议，结果什么也无法改变。文天祥眉峰一聚，不错，右丞相不可说服，不是还有左丞相吗？

到左丞相府前，文天祥见大门外无人看护，微微一愣，推开大门，只见相府内人人惊慌，几个女人在廊内抱头痛哭。

他不知发生了什么事，抓住一个家丁，问道："相府发生了什么事？留大人可在？"

那家丁哭丧着脸说道："大人，别问相爷了，今日相爷已不告而别，离开京师了，我们都不知该去哪里。"

文天祥大为震惊，留梦炎身为左丞相，竟然"不告而别"？

他即刻退出左丞相府，上马挥鞭往皇宫而去。

到了宫门前，正巧遇见杜公公，文天祥立刻下马，对杜公公拱手，问道："杜公公，不知左丞相可在宫内？"

杜公公一怔："小的正要前往左丞相府，太皇太后召其议事。"

文天祥双手一紧，沉声道："杜公公不必去了，左丞相已擅自离京了。"

杜公公大惊失色："左大人离京了？这、这怎么可能？小的、小的亲去看看。"

4

留梦炎逃跑一事震惊朝廷。讯息传开，京师更为慌乱，即便贩（fàn）夫走卒也看得清楚，若非大势已去，高居朝廷左丞相之位的留梦炎怎么会出逃京城？

十二月来临，天气一天比一天寒冷，空气也一天比一天紧张。元军三面推进，一心请战的文天祥日日只听到议和之事。太皇太后原本愿称侄纳币，被伯颜拒绝。张皇失措之下，太皇太后再次派出使臣，称自己愿为大元侄孙，每年交纳岁币银二十五万两、绢二十五万匹。

伯颜再次拒绝。

消息传回，朝廷更加恐慌，无论文天祥如何

坚持一战，陈宜中等人已铁了心要议和。德祐二年（1276）正月初五，文天祥上朝后，心头悲愤已难以言说，眼前所见，殿上文官只有六人。太皇太后悲伤的声音从帘后传出："朝中大臣还未到齐吗？"

陈宜中躬身说道："禀太皇太后，朝中大臣已经齐聚。"

沉默半晌，太皇太后悲伤地说："大宋立国三百余年，对士大夫从来以礼相待。现国君蒙难，作为臣子的，竟相继逃遁！不知他们生何以对百姓，死何以见先帝啊？"

陈宜中等人互相看看，均是低头无言。

太皇太后的声音变得有气无力："传哀家懿旨，命吴坚大人为左丞相。"

须发苍苍的吴坚出班跪倒，声音悲伤无比："微臣谢太皇太后隆恩！"

太皇太后继续说道："元人拒绝了我朝称侄纳币的请求，哀家左思右想，为了大宋三百年基业不毁，只能向元人称臣了！只求元人封我朝为小国，以存赵氏血脉。"说到后来，太皇太后语带哽咽，闻之令人心碎。只听那哽咽声继续道："左丞相听旨，哀家命你先拟称臣表，交与右丞相府，四日后送至元营。"

吴坚跪地接旨。

文天祥眼望空荡荡的朝堂，寥寥几个朝臣均是不语，再也按捺不住，大步走出，躬身说道："大宋不可称臣！"

帘后声音未出，陈宜中已厉声喝道："文大人想以满城百姓的性命作赌注吗？"

文天祥眼望陈宜中，满腔悲愤地说道："下官岂会以百姓的性命作赌注？只是如今未到山穷水尽之时，难道陈大人不见淮东尚在、闽广两地俱全吗？今日势危，可使三宫（太皇太后、太后、幼帝）入海，益王（赵昰shì）赴闽，广王（赵昺bǐng）赴广，守住南方，便可东山再起。"

陈宜中气急败坏，喝道："文大人这是什么话？今太皇太后上表称臣，方可保住宋室，若依文大人之言，元人必视我朝求和没有诚意，到时挥师南下，岂非灭国之灾！"

文天祥厉声道："若是称臣，大人就不怕我朝三百年基业毁于一旦？"

这时太皇太后的声音再度从帘后哽咽传出："三宫孤儿寡母，能迁何处？文大人忠心可鉴，可自古以来，岂有海上朝廷？吴大人且拟称臣表，退朝吧！"

5

四日时间晃眼即过。天气愈寒，下起了大雪。

文天祥连日来恍恍惚惚，眼见大厦将倾，自己却无能为力，又是悲愤又是伤心。文天祥再也坐不住了，出门径往陈宜中府邸，再提死守之议："朝廷可命益王、广王同知临安府，下官愿任副职，负京师决战之责。"

陈宜中从鼻孔里哼出一声，冷冷说道："文大人屡次抗旨，若在太平时日早斩首了！本相以为，今日的形势，还是遵从太皇太后懿旨为上。"

文天祥见无人愿挺身迎敌，心知难与朝臣议事，告辞出门。

走出相府，眼见大雪纷飞，他伸手接住几片雪花，看它们在掌心融化，悲伤地想，难道大宋王朝便如此刻雪花一样将融吗？

文天祥呆呆看了片刻，猛然想起张世杰来，当下上马，挥鞭直往张世杰军营而去。

张世杰迎进文天祥。文天祥落座后便道："数日未见张大人，张大人可知朝堂情形？"

张世杰面色低沉，握拳狠狠砸桌，大声说道："张某日夜训军，便是要与元军决一死战！张某已然听说，朝廷要向元人称臣，张某宁死不降！"

文天祥胸口热血上涌，急声说道："张大人赤心为国，不如你我合兵一处，再召京师义民，以战为守，或能挽救危局。"

张世杰眼神悲哀，摇头说道："朝臣若都像文大人，哪会有今日之难？只是太皇太后已写降书，朝廷无决战之心，即便召来义民也无济于事。不如我与大人各自引兵出城，张某往两淮，大人往江西，互为掎（jī）角，做东山再起之计。若留京师，既违抗圣旨，也孤掌难鸣，白白牺牲将士们的性命，连异日重起的人马都没了，如何谈得上收复失地？"

文天祥猝然一惊，起身说道："张大人此议不错！我们留在京师，又无力抗旨，离京保存军力，才是上策。张大人可引兵先出，天祥为临安府尹，不可离开，我先将主力调往富阳，留下两千军士，以卫朝廷。"

　　二人计议已定，文天祥告辞出来。他如何不知，张世杰提出的兵往两淮之议，实在是对朝廷绝望已到极点了。眼见京师无处不慌，无处不乱，文天祥心中同样一片绝望。想起昨夜噩梦，眼中闪现元军入城之后的大肆屠戮场景，泪眼模糊，狂风暴雪中再也看不清眼前之景。

义使皋亭

1

这日奉旨前往元营献降表的是监察御史刘岊。

两日后刘岊回转朝廷。

太皇太后急声问道："元人可接受我朝降表？"

刘岊躬身道："禀太皇太后，元军伯颜，要陈宜中大人亲出请降。"

未等太皇太后说话，陈宜中已脸色发白地喊道："伯颜要本相往元营请降？"

刘岊似未听见陈宜中说话，仍面对帘后的太皇太后说道："伯颜说得清楚，命右丞相十五日往长安镇请降。"

太皇太后的声音啜泣传出："哀家已一退再退，元人竟不肯京师保存朝廷之名？"

不论太皇太后和陈宜中等人有什么想法，元军逼近的讯息日日传入朝廷。十六日来报，伯颜率军进抵长安镇。十七日，伯颜进军临平镇。十八日，伯颜兵驻皋亭山，距临安只余三十里，是不折不扣的兵临城下了。

当日，百官上朝的慈元殿人语寥寥，寒气袭人。

文天祥跪在地上，痛声喊道："太皇太后不可啊！"

帘后太皇太后也自哀泣："今日之势，难以挽回，文大人无须再奏。现有何人可出城送玺（xǐ）献表？"

陈宜中躬身道："依臣之见，可遣监察御史杨应奎大人前往。"

太皇太后命杨应奎道："哀家命你，即刻前往元营，献上传国玉玺和皇帝降表。今日始，皇帝削去帝号，只称'国主'，以两浙、福建、江东西、湖南、二广、四川及两淮所存州郡，尽献大元……"说到后来，已泣不成声。

2

文天祥当夜未眠，与五日前投奔自己麾下的杜浒及邓光荐等旧部商议对策。众人均感朝廷既然投降了，即便出战，也是枉送将士性命，尤其若败，必惹元军屠城。

卯时刚过，文天祥在推门声中猝然惊醒。

来人报杜公公已至府中。

杜公公满脸惊慌，一见文天祥，便说："文大人，不好了！"

文天祥虽有准备，还是身子微晃，艰难说道："出了什么事？"

杜公公张皇失措地说道："昨日杨应奎大人送玺献表后回朝，伯颜命陈宜中大人亲往元营接洽，没想到陈大人昨夜已逃出京师。"

文天祥双目圆睁，愤声道："国难当头，他竟私逃出城，置朝廷与百姓何地？"

杜公公哭丧着脸说道："今太皇太后已下懿

太皇太后命杨应奎前去元营递交降表等，说到后面已经泣不成声。

旨，命贾余庆大人、谢堂大人、刘岊大人、家铉翁大人夜聚吴坚大人的左丞相府邸，太皇太后命文大人为右丞相兼枢密使，今夜也去相府，共商国是。"

文天祥双手紧握成拳，胸口起伏，过了半晌，道："国事至此，文某岂会惜身？今三宫九庙，百万生灵，俱有鱼肉之忧。或战，或守，或迁，都来不及实施了。若去元营，或能晓之以理，劝说他们退兵。纵不能退，文某也可一看元军虚实，返回后思得应对之策。"他凝视着杜公公："公公可回复太皇太后，文某今夜去左丞相府共议，只是暂且不拜相印，文某明日以资政殿学士之名，前往元营。"

3

出临安往东北三十里便是皋亭山。山虽不高，放眼望去，到处是大元旗号。

文天祥和杜浒带着余元庆等十名帐前随从，策马直奔元营。

元军统帅伯颜听到文天祥抵营，传令入见，自己端坐大帐，左右各站二十名彪悍武将。

　　文天祥留杜浒及随从在外，孤身入帐，见到伯颜，微一拱手，说道："大宋资政殿学士文天祥，奉旨前来见您。"

　　伯颜自渡江以来，宋军守城将官，无不望风而降，争相献媚。此刻见文天祥体丰貌伟，神情凛然，一股大丈夫气概扑面而来，尤其对自己身边的二十员悍将似是未见，心中暗赞，却拍桌喝道："南朝皇帝，玉玺已送，降表已交，本相命你朝右丞相亲来，如何只派出个资政殿学士？城头如何还不竖立降旗？"

　　文天祥双眼直视伯颜，从容说道："文某奉旨而来，一言一行，便是我朝天子之意。今太皇太后命我为相，文某不敢拜，先来商议军事。"

　　伯颜仰面一笑，道："文丞相来商议大事，好得很！"

　　文天祥注视伯颜，神色端凝，说道："文某有一事，想问问您。"

　　伯颜见文天祥始终从容不迫，"唔"了一声道：

"丞相要问何事？"

文天祥此刻才冷冷地扫了一眼伯颜身边的大将，沉声说道："您北朝扫夏灭金，便以为南朝也可用武力降服。我大宋承帝王正统，衣冠礼乐，煌煌俱在，岂是辽、金可比的？今北朝驱兵至此，是想与大宋为友邦，还是想毁了大宋社稷？"

伯颜闻言微愕，眉头一皱，开口道："我朝陛下发下诏书，挥师问你朝扣押我大元使者郝经之罪，吾皇诏书说得明白，社稷必不动，百姓必不杀。"

文天祥长眉一挑，神色更加从容："社稷必不动，百姓必不杀，说得好！今两国丞相既亲定盟好，你们便该退军到平江或嘉兴，然后议岁币金帛。至于犒师之法，文某将亲自督促，此也合您朝社稷必不动、百姓必不杀之言。"

伯颜没料到文天祥会以忽必烈诏书之言挤对自己，脸色一沉，傲声道："你朝玉玺降表都在这里，还用什么诏令南方？"

文天祥冷冷一笑："文某请您退军，是两国修好，让您不战而胜的上策。您若凭玉玺已在，便想夺我大宋江山，不过脑中臆想。今我两淮、两浙、闽广之地，皆奉大宋朝廷之旨，您若得陇望蜀，继续南进，南方必义师蜂起，到时兵连祸结，胜败难料，也不会是北朝的幸事吧？"

伯颜霍地站起，拔出腰间佩刀，厉声道："凭你这三言两语，便想使本帅退兵北返？你也不看看今日之势，临安不过一座孤城，已是本帅的围场之物。你再敢胡言乱语，本帅今日便先斩你头！"说罢，伯颜横刀从胸前劈过。他身旁的二十名悍将也各自拔刀，齐声怒喝："今日先斩你头！"

文天祥站立不动，双眼环视一周，冷冷说道："文某大宋状元宰相，只差一死报国！您今日成全，实乃生平之愿！便是刀锯在前，鼎镬（dǐng huò）在后，文某有什么可惧怕的！"话音一落，文天祥昂首挺胸，逼视伯颜，毫无惧色。

伯颜见文天祥声色俱厉，神色凛然，哈哈一笑，收刀入鞘，竖起大拇指，肃颜说道："本帅生平最敬英雄好汉，文大人视死如归，真是丈夫本色！本帅见过不少南朝使者，从未见谁如文大人一般，可敬可佩啊！"他旁边的将领虽然彪悍，却也敬服铮铮铁骨之人。见伯颜收刀，也各自还刀入鞘。有几人相互看看，脸上均露出对文天祥的惊奇和敬服之色。

4

正月二十二日。

文天祥原本以为自己出使元营，当日即可回转，却不料被伯颜扣留两夜。面对文天祥的质问，伯颜回答得轻描淡写："文丞相来我大营，本帅知是好意，你我各为其主，均责任重大。今日之事，正可从长计议。本帅已命程鹏飞前往临安，面奏谢太后，待他回来，还要再与丞相商议。等大事一毕，便让文丞相归城。"文天祥极其愤怒，却无法再与伯颜相争，在二十日入元营当夜，元军竟兵围文天祥寓所，严防他出逃。

二十二日早上，文天祥和杜浒再次来到伯颜大帐，入帐后一怔，眼前竟有左丞相吴坚、枢密院事谢堂、安抚贾余庆、中贵邓惟善数人在座。

一见文天祥进来，吴坚等人立时起身。吴坚声音颤抖，道："文大人近日可好？我等奉太皇太后懿旨，来交其亲笔降书。"

文天祥闻言大怒，厉声喝道："你等世受皇恩，竟做出卖国之举！"几步上前，当胸抓住吴坚衣襟，咬牙道："文某悔不该轻离朝廷，使你等乘隙做此勾当！"

伯颜在旁，冷冷一笑，道："文丞相不觉此言差矣？四日前，你朝便送玺献表，今日不过遵本帅之言，遣左右丞相前来献你朝太皇太后亲笔降书而已。对了，文大人，昨日程鹏飞回营，本帅已知，文大人不肯拜相，你朝已命安抚贾余庆大人为右丞相了。"

文天祥再也按捺不住，对伯颜愤声道："住嘴！我朝之事，什么时候轮到你来插嘴！程鹏飞昨日既回，为何还扣我于营？你身为元帅，可还知信义二字？"

伯颜一时语塞，脸色震怒。

营帐中一名元将忽然上前对伯颜说道："元帅息怒，临安降表已献，随时可以入城，无须意气之争。"

文天祥双眼瞪视那人，厉声喝道："吕文焕！前日我便见你，从不想与你这等卖国求荣的逆贼多言，免得污了文某耳朵！"

吕文焕转头看向文天祥，也怒声道："吕某素来敬你，你如何骂吕某为逆贼？"

文天祥仰起头，哈哈一笑，又立刻怒喝道："国家不幸到了今天，像你这样的屈膝罪魁，不是逆贼是什么？大宋天下，连三岁小孩都骂你，岂独文某一人？"

吕文焕涨红了脸，也提高了声音说道："我守襄阳五年，未见一兵一卒增援，不得已才投降……"

他还没说完，文天祥再一次厉声打断："力穷援绝，便该以死报国，岂有投降的道理？你贪生怕死，既负国恩，又辱家声，现在一门都成叛逆，实乃万世贼臣，竟还有脸狡辩？"

吕文焕听得脸上忽红忽白，不敢接话。他的侄子吕师孟在旁，阴笑着说道："文大人往平江之前，曾上疏欲斩本官，现在何不取我性命？哈哈！"

文天祥双目圆睁："你们叔侄俱降，朝廷未灭你族，是法纪未张！文某恨不能吃你们的肉、喝你们的血，才解心头之恨！今日你们可杀文某，正好全我忠义之名！你以为文某会如你叔侄一般怕死吗？"说罢，文天祥上前一步，吕师孟脸色发白，不觉往后一退。

伯颜哈哈一笑，双手一拍，说道："文大人口直心快，好男儿！"

文天祥怒道："无须废话，文某今日，但求一死！"

伯颜哈哈笑道："南朝诸臣，本帅独独敬你，岂会杀你？不过嘛，本帅倒是想告知文大人，你所召的将士，都已遣散。今降表已收，本帅该回师北上，陛见大元天子了。"他眼睛横过，手指从吴坚点起，一直到文天祥，冷冷说道："你们都随本帅北上大都！"吴坚、谢堂闻言，脸色惊慌，贾余庆却是面露谄色。伯颜继续说道："本帅便在此处，等候你们的太皇太后和皇帝一同出城来降，随本帅一起北上！"

文天祥闻言，怒目圆睁，喝道："我朝陛下年幼，岂可随你一路风霜北上？"

伯颜冷笑道："文大人，本帅虽然敬你，可你也不要敬酒不吃吃罚酒！传本帅命令，他们今日回城，你还是留下，到时一起北上。"他走到帐门，指着帐外的杜浒和随文天祥入营的余元庆等十名帐前官兵说道："他们也可回城，独独文大人你不可。"眼光阴冷地看着文天祥。

杜浒和余元庆等人互相看看，同时弯腰对文天祥说道："我等一刻不离大人！愿随大人一同北上！"

文天祥眼中涌出泪水，走至杜浒等人身前，悲声说道："能得义士相随，文某不枉此生！"

伯颜见状，暗暗点头，心知文天祥自身慷慨，方得杜浒、余元庆等部下以死相随。这样的人，自不可轻易放回，若能为大元所用，更是上上之策了。

镇江脱险

1

二月九日，文天祥被迫随元军北上。

第五日黄昏，船到平江，文天祥在舱中掀帘看去，见码头上聚集着平江旧吏和无数百姓，众人都望舟痛哭，高喊着"文大人"。文天祥悲伤骤涌，想起四个月前，率部进驻平江，若不是朝廷命他支援独松关，自己可能已战死该地。此刻见江上夕阳西沉，码头上人群号泣，心中凄怆。看了片刻，猝然放下舱帘。

与文天祥对坐的杜浒见他眼中盈泪，轻声叹道："大人不想下船看看？"

文天祥缓缓摇头，道："故吏归心少，遗民出涕多。下船徒增伤感，不必了。"

杜浒双手握拳，恨声说道："大人说得不错，这一路北上，身为'祈请使'的谢堂贿赂逃走，贾余庆只知时时献媚，丑态百出，竟还对铁木耳说大人'别有用心'，让元人加倍防范，乃至我们前日秘密逃跑计划失败，实在可恨！"

文天祥叹息一声，脸色又随之一亮，道："今天看到码头上的百姓，倒令我想起一事。太皇太后和陛下虽退位降元，民心却仍向着大宋，我们得想法脱身，去往南方。今益王（赵昰）、广王（赵昺）已往婺州（今浙江金华），二王虽幼，终究是帝嗣血脉，不怕王旗不举，江山不复！"

杜浒压低声音道："再过数日，便是镇江，大人敷衍铁木耳即可，我与余元庆再筹划逃离之计。"

文天祥缓缓点头。

2

一连数日，船队经无锡，过常州，文天祥站立船头，心中酸楚。十八年前，他与弟弟文璧正是经无锡去临安赶考，如今不仅与文璧天涯远隔，自己更是楚囚北往。过常州时，又想起在这里战死的尹玉、麻士龙和死难部众，一时热泪涕零。

杜浒在旁，也是心伤不已。他与余元庆的逃离之计却是渐趋成熟，在浩荡江风中低声告知。

十九日，船到镇江。

镇江地处长江与大运河交汇处，江北即为扬州。

文天祥暂宿在汉人沈颐的家中。铁木耳特意派遣一名姓王的千户看管文天祥，对杜浒等人倒是未加防范。

这日杜浒瞅准空隙，来到文天祥房中低声说："我与余元庆等人商量好了，从这里潜往真州（今江苏仪征）乃唯一之策。"文天祥沉思着说："如今两岸船只，俱是元军所控，如何渡过江去？"杜浒仍低声道："元庆日日寻找，幸好遇相熟的舟子，明晚有船在甘露寺下等候。我前日与来沈家的元官刘百户喝酒取得了他的信任，约好明夜往妓舍过夜，等他派人送来官灯，路上不会有什么纰漏。"

文天祥缓缓点头："如此甚好，元人命我们后日前往瓜洲，我明晚设宴，以答谢沈颐一家为名，请王千户入席，到时把他灌醉，我们便可逃离此处了。"

两人全盘计议周详后，决定先让余元庆等十人到江边船上等候，文天祥和杜浒作第二批抵达，只需船到真州，便是脱离虎穴了。

3

第二天傍晚，文天祥在沈家设宴答谢沈颐家诸人的照顾。杜浒等人轮番敬酒，奉承王千户，直将他灌得酩酊大醉。当沈颐命家人将王千户抬至房间后，文天祥也借口不胜酒力，拱手告辞，独自回房。

眼见亥时将至，沈家人也全部歇息了。文天祥在静夜中缓步出房，到得大门外等了片刻，一盏官灯转过街角而来。来人正是杜浒，给他提灯的是名十五六岁的小番。杜浒神色镇定，走到文天祥身前，故意说刘百户应约在等他们二人。随即叫小番提灯在前，他和文天祥紧随其后。路上遇到夜间巡逻的元军，对方见到他们提着管夜禁的刘百户官灯，也不加询问。

三人一路往北，走至无人处时，杜浒从怀中掏出一些碎银，塞给小番，说道："我约了百户大人，他就在前面等我，百户大人已有嘱咐，你就不必跟去了。"

那小番得了银两，喜不自胜，又听杜浒不要他去，自是不敢多问刘百户之事。见杜浒伸手过来，没有多想，顺手把官灯递过去，说声"小人告辞"。文天祥转身见那小番走远了，才对杜浒竖起大拇指，杜浒咧嘴一笑，二人继续往北门而去。

文天祥知危机未离，与杜浒同时加快脚步。眼看北门将到，二人都暗吃一惊，只见北门处的关卡前虽未见元兵，却有十余匹马横在卡前。文天祥和杜浒互望一眼，同时想到，守关卡的元兵此时已睡，将马匹横在路上，自然是因马匹见生人后必会嘶鸣，元兵闻声而醒，那便插翅难飞了。

文天祥笼在袖中的右手握紧了一把匕首，低声说道："没有退路，且走过去。"

一向胆大的杜浒此刻也感紧张，他们慢步走到马前。马群见到生人，四蹄乱动，似要仰脖出声。杜浒急中生智，将官灯举起遮脸。马群在一阵骚动中安静下来，杜浒和文天祥快步走至城门，轻启门闩，侧身而出。

到了城外，一阵夜风扑面，四下里青草气息随风起伏，江流声自旷野隐隐传来。文天祥暗道一声"好险"，随即与杜浒辨明方向，加快脚步，往甘露寺所在的北固山而去。

到了山脚，只见眼前长江盛月，芦花摇荡，偶闻宿鸟唧啾。

文天祥和已在等候的余元庆众人相见后，左右望望大江，诧声道："船在何处？"

余元庆的目光从文天祥身上转向江面，咬牙道："我约了船只在此，现在时辰已过，怎的还是不来？"说完，他突然下了决心，说："恐是舟子觉此处危险，改停僻静之处，我现在便去寻找。"说罢，余元庆掀起衣摆，沿岸蹚水而去。

文天祥看着余元庆走远，独自走开数步，眼望大江，喃喃自语："若船只不到，元兵追来，我便投此大江，求得一生清白！"

侥幸逃出关卡的文天祥，好不容易见到等候他的余元庆等人。

4

大概过了半炷香时间，众人听到远处桨声欸（ǎi）乃，文天祥等人立刻蹲下身，循声望去，只见夜色中一道船影缓缓而来。杜浒低声道："我去看看。"他矮身疾步，迎船而去。来船果然是余元庆和他友人所驾。杜浒大喜，以口哨为号，文天祥等人迅速起身迎去。

上了船，文天祥看看追随自己的十一名义士都在，喜极欲泪。众人虽在险境，不敢多言，但均有绝处逢生之感。余元庆轻声命舟子划船，往真州方向而去。

船到七里江时，突遇元军巡查船，幸好潮退水落，元军巡查船搁浅。文天祥所乘船只鼓足风帆，摇桨撑篙，借东南风溯江而上，到天亮时终于看见了真州。当船在城外五里处泊岸后，文天祥率先下船，眼前所见，一片荒凉。众人担心元军哨马出现，不敢在平野停留，大步往真州城门而去。

守城宋军见城外十二名汉人形容狼狈，高声喝问。余元庆仰头说道："文丞相从镇江走脱至此，请速速通报。"

不多时，真州城门大开，安抚使苗再成率部下将校齐齐出迎。

见到宋将，文天祥等人终于松了口气。苗再成请文天祥上马，两人并辔入城。

才进城门，只见街上挤满了百姓。他们听说文丞相从元营脱身来此，人人兴奋狂呼，也有人涕泣不已。文天祥在马上抱拳，朝两边行礼，眼中满含热泪。此时此刻，他才在整整四十日的俘虏生涯后重见南朝衣冠。

辗转流离

1

苗再成为文天祥接风洗尘之后，下令将州衙"清远馆"设为丞相行馆。因真州与临安数月未通音讯，苗再成此刻才从文天祥口中得知京师沦陷，皇帝投降，大愤之后，心中却涌上挽回局势的想法。

他对文天祥说道："元军虽然势大，但两淮将领同仇敌忾，兵力也足以复兴。"

文天祥见他有这样的信心，颇为振奋，说："不知安抚有什么计策？"

苗再成将军事地图在桌上摊开，手指一边比

画，一边说道："丞相请看，下官可先约淮西制置使夏贵大人做出攻建康的样子，以牵制元军，再以通、泰两州之军进攻湾头，以高邮、淮安、宝应之军进攻扬子桥。与此同时，驻兵扬州的淮东制置使李庭芝大人进攻瓜洲，下官同刺史孟锦率水军直捣镇江。我们三路大军同时进军，元人顾此失彼，必难抵挡。待我三路军会合，定可拿下瓜洲，然后命淮东军入京口，淮西军入金城，两浙元军无路可走，伯颜也可被我军团活捉了。"

文天祥耳听目视，心中喜悦，点头说道："这样一来，大宋有中兴的希望了！"

苗再成看着文天祥，说："只是下官职微，还请丞相振臂而呼，给李庭芝和夏贵两位大人去信。各州郡守将，若得丞相信函，必兴兵响应。下官派人送出即可。"

经历四十日的苦痛，文天祥终于有了兴奋之情，想起将要复兴大宋，激动得连声音也颤抖起来："文某即刻给两位制置使大人和众将官去信。"

2

三日之后，文天祥刚刚用过早餐，苗再成手下的陆都统来了，请文天祥往小西门巡视。

文天祥欣然应允，带上杜浒等人，随陆都统前往城楼。

一行人登上城头，苗再成却不在，闲看间又有一位都统匆匆赶来，自称姓王，奉命带文天祥等人出城巡视。文天祥跟着陆、王两位都统策马出城，走了一支箭能射出的距离那么远之后，见眼前已是荒凉之地，眉头一皱，问道："苗大人在哪儿？"

王都统不答，只从怀中掏出一封信。文天祥认得封皮乃扬州制置使李庭芝信函，伸手欲接，王都统却缩回手去，面无表情地说道："扬州有人说了丞相诸多不是。"文天祥等人俱是一怔。

文天祥沉声道："请都统将信函交予文某。"

王都统摇头道："我们平日听说丞相是忠义之人，今天也只是奉命行事，丞相好自为之。"说罢，将信函重新塞进怀里，和陆都统互看一眼，二人转过马头，挥鞭往城内驰去。文天祥和杜浒、余元庆等人惊讶莫名，眼睁睁看着陆、王二人奔远。二人入城后，立刻关上了城门，竟将文天祥等十二人关在城外。

杜浒大怒，喝道："我们九死一生才逃出元营，扬州李庭芝听信了什么鬼话，竟如此对待我们！"

文天祥也惊诧无比，定定神后，环视众人说道："既是李庭芝命苗再成将我们逐出，我们就前往扬州，当面问问李庭芝！"

众人刚要动身，听到城门处又传来喧哗，抬头看去，只见真州西门大开，一队五十骑士兵策马而来。

文天祥知他们因自己而来，便站立等候。果然，那队人马奔到眼前，文天祥见率队之人是两名官居路分的将领，当下也不说话，只冷冷注视。

二将同时对文天祥抱拳行礼，一人说道："在下姓张，这位姓徐，我二人奉苗大人之命，来送丞相大人一程。"他头一摆，说道："送上来。"数名骑兵催马上前，他们手中所托，竟是文天祥等十二人的包袱行囊。

张路分凝视文天祥问道："不知丞相将去何处？"

文天祥强压怒火，沉声道："苗大人不知听信了李庭芝什么话，文某现去扬州当面问问李庭芝。"

张、徐二人脸现惊讶，张路分摇头说道："今日之事，不关苗大人。李庭芝大人来信，命苗大人取丞相性命，苗大人不忍相害，特命我等前来送行。"

文天祥闻言震惊，说道："文某来真州之日，便写信给李庭芝说明，他为何要命苗大人害我？"

徐路分咬咬唇，说道："不瞒丞相，李庭芝大人得到讯息，说丞相已降元人，前来真州是为赚取城池。"

文天祥顿时心中雪亮，心知李庭芝中了元人的反间计，当下拱手道："山河破碎，正待李庭芝大人出兵瓜洲，文某今日便往扬州，与他分辨清楚。"

张路分像是舒了口气，说道："在下不瞒丞相，苗大人接信后，也是将信将疑，命我二人便宜行事，大人要去扬州，自非元人所派。今李庭芝大人行文各州郡，要缉拿大人，我们且送一程。"当即下令，五十骑张弓夹箭，取道往扬州去了。

3

走了一天，夜色中终于看见扬州城头的灯火。杜浒忽然将文天祥一拉，说道："我一路琢磨，扬州不能入！"文天祥一怔，问他缘故，杜浒说道："李庭芝既要苗大人加害我们，必以为丞相已经降元，我们若是进城，凶多吉少，不如今夜改道高邮，经通州渡海南下，待寻访到益王和广王，大人既可伸报国之志，又可使谣言自解。如此一来，岂不比不明不白地死在扬州好得多吗？"

文天祥望着远处的扬州，听得一阵鼓角声从城头破空而来，竟是隐含杀气。

正踌躇间，余元庆忽然带来一个卖柴人。那人自称对此处环境很熟，愿意带路。文天祥决心已下，询问可否将他们带至高邮，对方一口应允。文天祥当即请他带路。一行人走了一夜，又困又饿。天色渐亮时来到一个叫"桂公塘"的地方，疲惫不堪的文天祥步履艰难，数次跌倒后又站起前行。走到一处山坡时，杜浒忽然快步走到文天祥面前，又悲又气地说道："余元庆、李茂、吴亮、萧发四人携银趁夜逃走了。"文天祥呆了片刻，仰头长叹一声，说："他们随我千里跋涉，如今元人追赶，宋人缉拿，人饥马乏，寸步难行，罢！罢！罢！文某也实在不想拖累大家。"说罢，忍不住热泪涌出。

余下众人继续前行，日日翻山越岭，穿林渡河。路上不时遇到元兵和盗匪，幸好都躲避过去了。七日后到了高邮，只见城门外贴着通缉文天祥的告示。众人不敢入城，改水道先往泰州，再往通州。

又经过二十日的颠沛流离，文天祥等人终于在三月二十八日到了通州城下。

守城门的士卒见文天祥等人既不似商贾又不似乡民，当即拦住，不让进城。

文天祥也豁了出去，对士卒说道："请速报通州守将，就说文天祥至此。"

那士卒吃了一惊，让其他人看住文天祥等人，自己飞奔入城报信。

不多时，一队人马飞奔而来，当先一将，迎到文天祥面前，翻身下马，抱拳说道："这位就是文丞相吧？下官通州安抚杨师亮，特迎文丞相入城。"

4

文天祥更衣出来，在外间等候的杨师亮起身相迎。

落座之后，文天祥开门见山地说："听说李庭芝大人行文各州郡，欲缉拿文某，难道安抚大人不知？"

杨师亮微微一笑，说："下官也接到缉拿文丞相的行文，不过，下官也得到谍报，说镇江府走了文丞相，元人四处派出快马捉拿。下官便想，大人若降，元人如何会拿？况大人忠义之名早如雷贯耳，下官怎会信大人降元一说？"

文天祥被误会已久，此刻听了杨师亮的话，喉头竟是一酸，随即定下心神，说道："文某颠沛一个月，没有听到真州出兵的消息，也没有听到临安和南方的消息，安抚大人可知？"

杨师亮听了暗想，文丞相果然忠义过人，刚刚脱离险境，不说自己冤屈，只问朝廷之事。心中虽无比敬佩，脸上却满是忧色，叹息道："淮西制置使夏贵早于上月二十二日，以三府六州三十六县降元。且不说真州，便是扬州李庭芝大人，也孤掌难鸣，谈何主动出兵？"

文天祥脸色骤变："苗再成大人在月初尚不知夏贵投敌，所设进军之计，全是水中捞月了。"他痛苦地闭上双眼，双手一阵哆嗦，又随即凝视杨师亮："那朝廷如何了？"

杨师亮脸涌怒色，咬牙道："十七日前，元人已逼令太后和陛下往大都朝觐忽必烈了，只太皇太后染疾未去。"

文天祥悲声道："陛下年幼，又已退位，元人竟还是不肯放过。"他眼中泪水涌起，随即抬袖拭去。

杨师亮缓缓摇头："囚禁陛下北上，实际是元人欲断我遗民之望。"

文天祥抱了最后的希望说道："安抚大人可知二王的消息？"

杨师亮仍是摇头："下官尚没有听说。"他心中对文天祥敬佩愈增，拱手继续道："丞相连日奔波，且先在通州休养，下官即命人打探二王讯息，随时报给丞相。"

文天祥缓缓点头，心中焦急。

一行人终于在通州得以休养。过了十余日，杨师亮登门，惊喜地告知文天祥："下官已得二王讯息。"

文天祥声音也颤抖起来："二王现今如何？"

杨师亮说道："今二王已在永嘉江心寺建元帅府，苏刘义、陆秀夫两位大人也至永嘉。此外，陈宜中大人正从温州前往永嘉，张世杰大人从定海率去一支水军，众大臣俱拥益王为天下兵马都元帅，广王做副元帅，发布檄文，召各路忠臣义士勤王。"

文天祥只感热泪难抑，扶椅站起身，说："如此，社稷恢复有望了！"他转身凝视杨师亮，说："请安抚大人速备船只，文某即往永嘉，觐见二王！"

文天祥等人终于在通州得以休养，不久，杨师亮送来有关二王的讯息。

重召义旅

1

　　闰三月二十七日，文天祥等人在通州登船，扬帆向南。

　　三日后，抵达台州（今浙江临海）城门镇，休歇数日后，改走陆路往永嘉。一路上，文天祥时时回想陈宜中和张世杰在临安的种种言行。想起陈宜中时，不免从心头闪过一股忧急，那时陈宜中身为右丞相，未献一策，只以求和为上，结果使得天子和太后都被俘北都。如今他再入益王府，真不知是否仍会如往日，不降不战、一味求和？想到张世杰时，文天祥心中涌起慷慨，知张世杰忠心大宋，一向以收复河山为己任。此时此刻，天下尽知，若不起兵抗元，版图日缩的南方也必将为元尽数占有。只是益王年幼，年仅七岁的天下兵马都元帅终究不可能自己拿主意、定方略，若陈宜中获他的信任，再掌大权，张世杰会不会再次受排挤而选择离开？

文天祥突然意识到，自己的意见或能左右局势，若他与张世杰联名提出抗元之策，益、广二王自会遵从。想到此处，文天祥稍稍放心，只盼尽快能与陈宜中和张世杰在永嘉相见，唯有三人同心，才能聚集所有抗元的力量。

四月八日，文天祥一行终于抵达永嘉。天已黄昏，文天祥一刻不停，带着杜浒等人径直往江心寺而去。

江心寺位居瓯江中的岛屿之上。岛上双峰对峙，峰顶各有一塔。文天祥等人远远看见寺前灯火，命舟子尽力划船。几人上岸之后，文天祥尚未走到寺门，便见一队宋军巡逻而来，文天祥告知自己身份后，宋军头领吃了一惊，当即施礼，道："丞相来得晚了，如今二王已赴福州。"

文天祥又是惊讶又是失望，问道："如今守将是谁？"

那头领说道："现今永嘉留有副将李珏。"

当夜，文天祥宿于寺内，李珏听到文天祥到此，赶来拜见。

文天祥将刚刚写毕的奏章交给李珏，嘱咐他以驿报形式速送福州。

2

不到十日，有人从福州前来，自称是陈宜中所派，交给文天祥一封信函。

文天祥展开阅后，脸色因激动而微微涨红，对杜浒等人说道："这是陈大人亲笔来信，他想在福州拥益王登基。今太后与陛下被俘，南方不可无主，文某即刻回信，赞同此举。"他最后半句已是对陈宜中所派使者而言了。

待文天祥收到福州第二封来信时，已是五月。来信不是简单的来信，而是圣旨。传旨人竟然还是杜公公，他告知益王赵昰已于当月一日在福州登基，改元景炎，晋封五岁的广王赵昺为卫王，陈宜中任左丞相兼枢密使，都督诸路人马；李庭芝为右丞相；陈文龙、刘黼（fǔ）为参政知事；张世杰为枢密副使；陆秀夫为直学士；苏刘义主管殿前司；文天祥则被封为观文殿学士、侍读，来旨最后命文天祥即刻前往福州。

文天祥欣然接旨，前往升为福安府的福州。

当夜，张世杰来见文天祥。二人此时再见，天下已天翻地覆。张世杰脸色沉郁，对文天祥说道："文丞相现在回了福安，原本朝纲该振，只是以张某来看，陈宜中大人却不想大人以状元身份立下军功，否则陈宜中大人将权势尽去。张某今日所担心的，便是陈大人对丞相的诸多掣肘。"

文天祥不答，只是将桌上的军事地图展开，抬头问道："张大人可知元人部署？"

张世杰见文天祥只问国事，对自己的话恍若未闻，心下感佩，说："伯颜将太后、懿圣皇帝虏往大都后，留唆都镇守浙西，忙古歹镇守浙东，阿喇罕、董文炳继续进军闽地州县，吕师夔（kuí）、李恒进陈兵江西，阿里海牙进攻潭州。"

文天祥低头看着地图，缓缓说道："军事紧

迫，文某当请命离开福安，外设督府，以抗击元军。"他抬头凝视张世杰，说："陛下年幼，就托付给张大人了。"

张世杰心中一震，拱手道："丞相放心，张某一定竭力护卫陛下周全。"

3

七月十三日。文天祥与杜浒等人率千余人抵达南剑州（今福建南平）。

眼前闽江奔流，山势巍峨。文天祥挥鞭指着山前南剑州城说道："如今潭州沦陷，广州投降了元军，东南只余福建一省尚全。此处依山傍水，地势险要，一直有八闽屏障之称。文某便在此处设立督府，召集义士，积聚粮草，然后出兵收复江西失地。"

杜浒拱手说道："末将这就传檄四方，征召义旅。"

檄书从南剑州发出后，首先应檄而来的是从婺州（今浙江金华）赶来的旧部缪朝宗，文天祥任命他为督府环卫官，主管督府军器；随后而至的是在旌县（今安徽旌德）做过县官的朝廷宗室赵时赏；另外朝廷增派老将巩信至文天祥麾下听命。与巩信同时来的还有水军将领林琦。随后，随文天祥临安勤王的旧部刘洙、张汴等人也各率义师，入闽效力。杜浒也亲自到温州、台州征招军士，拟与身在宁都的邹㴑遥相呼应，后者只等文天祥的义师北上，便展开里应外合之策，收复两浙。

文天祥眼看着文人武将一天比一天多，心下既感安慰，又觉忧虑。招兵太花时间，元军进攻却一日不停。自己在南剑州开府以来，虽时常有志士来投，仍不断得到坏消息，元将塔出、李恒、吕师夔已接连攻陷江西多个州县。

这一天，又传扬州城被攻陷、李庭芝遇难的噩耗。文天祥在悲凉中独上城头，向北望着苍茫暮色，忧心如焚。此时他部下士卒只有数千人了，督府文武虽在昼夜筹划，但终究还是如老将巩信叹息的那样，有将无兵，难以多路齐出。

此时黄昏将尽，夜幕降临，文天祥看着黑沉沉的乌云席卷天际，恍如元军铁骑蹂躏（róu lìn）山河。文天祥听到风声逐渐变强，插立在城头的一面面旗帜被吹得扑啦啦直响。他侧过头，看着"宋"字大旗在风中翻飞，握起拳头，在城垛上狠狠一砸，低声道："有大宋旗在，文某便在！若大宋旗亡，文某便亡！"

苦战扶危

1

十一月，已奉旨将军队转移到汀州（今福建长汀）一个多月的文天祥在府中忽然接报，邹凤带着十余人前来求见。文天祥闻讯一惊，心知宁都有变，立刻传见。

只见眼前邹凤面带血尘，声音悲愤："邹凤留驻宁都，只等丞相兴兵，里应外合。不料起事失败，我的部下刘钦、鞠华叔、颜斯立、颜起岩都已战死。"

文天祥一阵心痛，知没有攻下宁都，自己部署的计划遭遇挫折。他还来不及再定策略，知汀州府黄去疾又急匆匆来报："丞相大人，下官刚接急报，阿喇罕、董文炳向处州（今浙江丽水）进军了，处州知府李珏、瑞安知府方洪献城投降了！"

文天祥一声惊呼，站了起来，拳头砸在案桌上，怒声道："李珏、方洪献城投降了？"

黄去疾满脸惊慌，又结结巴巴地说道："还有，知南剑州府王积翁弃城逃往福安，元军兵不血刃，已得了南剑州。"

文天祥更是惊怒，咬牙道："王积翁怎么这么懦弱！"他低头看着桌上的地图说道："南剑州一失，福安便失去了屏障，难道、难道……"文天祥抬起头，半年前平江、独松关失守导致临安围城的惨状又浮在眼前，心中剧痛。他定定神，低头凝视地图，又抬头看向黄去疾，声音忽然变得坚决起来："朝廷有十七万人马，各地士卒尚有三十万，淮军也有一万精兵，可速报张世杰大人，聚集人马，与元军在闽江上游决战。"

黄去疾听了，大惊失色，说："和元军决战？这、这……"

文天祥对他怒目而视，沉声喝道："快派人去福安！"

黄去疾额头渗出汗水，只觉文天祥这个提议太过大胆，但还是结结巴巴说道："下官、下官遵命。"

不过数日，黄去疾再次来报："下官刚接到消息，陈宜中大人和张世杰大人已护送陛下和卫王上船了，现在到了泉州港，知福安府王刚中与王积翁已献城投降了。"

文天祥听到福安陷落，再也无法抑制，霍地站起。他手下的督府军只剩一千，其他的已尽数分派到各地。他看着黄去疾，沉声说道："如今只有黄大人起兵去救福安了。"

黄去疾大惊失色，摇头道："不是下官不遵从丞相之令，如今福安既已陷落，陛下至泉州港，发兵去福安，已于事无补。再者，汀州若是无兵，元军一至，丞相怎么抵挡？"

文天祥缓缓坐下。他怎会不知黄去疾说得有理，但眼下自己手中无兵，只能等待派出的各路义师的胜负消息了。一种困兽般的绝望感涌上心头。他再低头去看地图，只觉元军从四面杀来，自己竟是坐守孤城，无力回天！随即沉重一叹，喃喃说道："朝廷军力，应能保陛下无虞吧？"

2

文天祥在汀州苦等各路督府军消息时，从南方频频传来朝廷的消息。十二月八日，在泉州港的福建、广东招抚使兼提举市舶司的阿拉伯商人蒲寿庚与知泉州府田真子开城投降元军，张世杰护幼帝前往潮州。没过几天，又移驾退往惠州甲子门（今广东陆丰）。文天祥闻讯，涕泪滂沱。当日太皇太后谢道清以"朝廷岂能移驻海上"为由，拒绝迁都。如今除了茫茫大海，陆上竟再无一块朝廷的立足之地。

在苦候入赣的多路督府军讯息时，元军进逼汀州的噩耗传来。文天祥召来黄去疾说道："元军逼近汀州，只能据城抵抗了。"

黄去疾浑身发抖，说："如今汀州兵微将寡，如何抵抗敌人？不如丞相先退守漳州，与汀州形成掎角之势，或许能挡住元军的攻势。"

文天祥沉思片刻，点头道："元军是奔文某而来，如今督府军只余千人。也罢，我先带人退往漳州，汀州之事就托付给黄大人了。"

黄去疾如逢大赦，说："请丞相大人放心，黄某一定全力抵挡。"

文天祥当即命身边的萧敬夫、萧焘夫点齐剩下督府军，往漳州龙岩退守。

来到龙岩，文天祥即刻命人再探各路入赣督府军讯息。数日后，军士来报，赵时赏、赵孟溁率部而来。

文天祥即刻亲自迎接二将，见赵时赏、赵孟溁身边只剩下些败军，人人带伤。

文天祥一惊，加快脚步走上前去。自邹㴙兵败，文天祥已料到其他入赣军队难再取胜。赵时赏和赵孟溁单膝跪地，悲声说道："末将进军失利，特来请罪。"

文天祥扶起二将，说："二位将军能带回军队，在他日还有得胜的时候。"

赵孟溁紧咬钢牙，恨声说道："丞相命吴浚带兵去雩都，他失利后返回汀州，末将前来的路上，得知他与黄去疾竟献汀州降元了。"

文天祥惊怒交加，低低喝道："吴浚竟也降元了！文某用人，如何这等不察！"

赵时赏悲声道："江西州县，闻风而降的不知多少……"他说不下去了，愤声一叹。

文天祥抬头远望，再凝视二人，说："二位将军归来，龙岩军力有增。我们先入城，再议明日之策。"说罢，举袖擦去眼眶内的热泪，带众人进入龙岩。

3

二赵归来，龙岩固然军力有增，却无不是残兵败将，全军士气低迷。文天祥决定先休息几天，以重振士气。

刚过了三日，守城士卒来报，已降元的吴浚独自在外叫城。

文天祥双眉顿竖，命军士将吴浚带入。

吴浚大摇大摆地过来，见到文天祥，作势施礼。

文天祥冷冷道："你既已降元，来这里做什么？"

吴浚看看文天祥左右，见赵时赏等将领眼神愤怒，军士们却尽显疲惫，当下哈哈一笑，傲声说道："自古识时务者为俊杰，当今大宋朝廷迁至海上，宋主赵㬎也在大都受封瀛国公，丞相眼下只有这区区残山剩水，迟早会被大元攻占。卑职今日前来，乃奉大元李恒元帅之命，劝大人开城投降，定能封侯拜相，龙岩军民也能留得性命，不知大人以为如何？"

　　文天祥还没开口，赵时赏已厉声喝道："吴浚！你甘当元人走狗，不思报国，竟敢来劝降丞相？！"

　　吴浚"哼"了一声，仍对文天祥说道："昨日淮军旧将罗辉已给丞相送来王积翁和李珏大人的信，料想丞相已经看了。丞相大人也不想想，逆天而行，能有什么好处？如今大元骑兵距此不远，小小龙岩，不过螳臂当车，大人何苦白白丢掉性命，还连累这满城百姓和诸位将士？依卑职的话，丞相大人何不顺势而为，为大元效力！"

　　文天祥双手一按，示意左右听自己说话。

　　赵时赏等人忍住怒喝，手按剑柄，怒视吴浚。

文天祥扶住椅腕，慢慢站起，冷冷道："丢掉自己性命？文某今日只有一言，背叛朝廷者，杀无赦！"他眼中精光一闪，厉声喝道："来人！将叛将吴浚，即刻缢杀！"

吴浚浑身颤抖，脸色煞白，忙道："自古两军交战，不斩来使。"

文天祥怒极反笑，冷冷道："你不是来使，不过一个送命的降将！拖下去！"

赵时赏和赵孟溁一声"得令"，长剑出鞘，同时架住吴浚脖颈。

吴浚此时才知前来劝降已性命难保，颤抖着说："文丞相，请、请饶小人一命。"

文天祥目光冷峻，挥手道："拖下去！缢杀！"

吴浚大叫"饶命"，赵时赏和赵孟溁将他拖下去后，顷刻间毙命。

文天祥挺身而立，横剑当胸，高声说道："我大宋将士，只有慷慨之躯，大丈夫威武不能屈，岂有投降的道理！文某誓与江山同生共死，与诸位将士同生共死！"

所有将士听了，无不振奋，齐声呐喊："我等

已降元的吴浚来劝文天祥投降，不料先丢了自己的性命。

誓与江山同生共死！与文大人同生共死！"

4

文天祥心知龙岩难守，正思对策之际，元军雷霆般的攻势却忽然停了下来。一日得谍报才知，死于合州城下的蒙哥，其子昔里吉于去年发动叛乱称王。忽必烈先调诸王伯木儿、中书右丞博罗欢北上平叛，不料一年未平，拥兵应昌（今内蒙古自治区阿巴哈纳尔旗东南）的折儿瓦台又起兵响应昔里吉。忽必烈见自己皇位受到威胁，急调主帅伯颜督师北上，因而暂缓了对闽、赣等地残余宋军的攻击。文天祥得以在龙岩整顿军士，同时制定方案，决定先入梅州，再过梅岭，以图收复江西。

督府军按计划于四月到梅州，五月过梅岭。元军主力尽撤，督府军于六月取得零都大捷。文天祥一鼓作气，乘胜收复兴国县，随即于此开府。

文天祥军令所到，分宁、武宁、建昌、临川、洪州、袁州、瑞州等各地义兵纷纷响应。坐镇兴国的文天祥于七月兵分两路，一路以张汴、赵时赏、赵孟溁为主力，直逼赣州城；一路以邹㵯、黎贵达为偏师，进攻永丰、吉州、泰州。很快，文天祥得到吉州八县已收复五县的捷报，一时士气大振。

文天祥闻报后极为振奋，下令加紧进攻。不料，刚进入八月，守城军士惊慌来报，元军元帅李恒率军逼近兴国。文天祥吃了一惊，说："我军才接连取胜，李恒竟来得这么快？"他到帐前一望，左右将领不多，主力更是全军在外。文天祥着实不知李恒大军从何而来，当即下令："我们速离此地，去永丰与邹㵯汇合。"

刚一离城，文天祥立刻向永丰派出快马，告知邹㵯。

不到两日，快马回来，兵卒在文天祥马前单膝跪地，拱手说道："禀丞相，邹将军兵败，永丰未能拿下。"

文天祥见永丰难去，下令往吉安撤退。路上又遇张汴、赵时赏等率部会合。他们久围赣州不下，身后突然出现李恒铁骑，以步兵为主的部队很快被击溃，只得收拾残部后欲返兴国。路上听到文天祥往吉安撤退的消息，遂带兵追上。

八月十七日，文天祥率军至东固方石岭。

文天祥与驻守此处的老将巩信刚刚见面，军士来报，元军飞骑已至岭下。

巩信急道：“丞相速速撤离，待我阻挡元军。”

文天祥不肯，欲与巩信共战。巩信竖眉怒道：“巩某乃武将，原本就该死在沙场，丞相是大宋唯一希望，岂可白白死在此处？快快撤离！”随即命部下埋伏碍口，张弓待敌。文天祥眼中含泪，留下主力给巩信，自己只率数百人马往空坑而去。

一行人离开不久，便听身后方石岭上，传来密集的喊杀声。

文天祥勒住马，扭头看着远处的山岭，知道此战，巩信等守军可能无人生还，眼中热泪再次上涌。赵时赏和张汴在旁，也是泪流满面，他们对文天祥喊道：“大人不要停，不能让巩将军他们白白战死啊！”

文天祥泪眼模糊，终于勒转马，抬袖擦泪，“驾”的一声，猛力挥鞭。

马蹄狂乱，众人策马往空坑而去。他们身后的喊杀声惊心动魄，遥遥传来。

遇袭被俘

1

天色渐暗，众人人困马乏，终于到了空坑。

文天祥回头看去，跟随的数百士卒尽皆疲惫不堪，心中悲凉不已。

此刻的空坑一片混乱，元军距此不远的消息传开，四处都是逃离的百姓。文天祥勒住马，看着眼前的一切，心头大恸。

众百姓忽见有宋军前来，纷纷上前，知道领队的是文丞相后，顿时哭声一片，哀求文天祥留下抗击元军。这时一位老者分开人群走过来，哀声说道："文丞相，老朽陈师韩，如今前方战事如何了？元军这么快就打过来了吗？"

文天祥眼中含泪，说道："文某即刻设法阻挡元军。"当即转身下令，命缪朝宗、赵时赏、张汴、萧敬夫、萧焘夫等将领率五百军士多砍伐山上的树木设为鹿角，阻住隘道。几人应命之后，陈师韩看看文天祥脸色，说道："文丞相奔波劳累，今夜可住到老朽家中。"

当夜，文天祥住在陈家，缪朝宗、赵时赏、张汴等将领带军士砍树阻道之后，已是疲惫至极，数百人索性露天而睡。天蒙蒙亮时，突然听到一阵惊天动地的马蹄声由远而近，如滚滚奔雷，卷地而来。

文天祥本就睡得不沉，听得外面杀声四起，立时惊醒，起床开门。眼前竟什么也看不到，原来浓雾弥漫了整个空坑。文天祥眼难视物，不知该如何指挥。陈师韩也闻声而起，急忙拉住文天祥手臂，说："元军已至，丞相可趁雾浓，随老朽离开。"文天祥只听得外面到处刀枪相接之声，惨叫连连，无论如何也看不清交兵形势。

陈师韩不由分说，拉住文天祥往小路便走。他本是空坑人，自是熟悉地形，闭眼也知方位。文天祥被陈师韩紧紧拉住，沿小路而退。雾散之时，二人已到空坑之外，远处厮杀声也不知何时停了下来。文天祥回头望去，竟见一块巨石不知何时从旁边山头滚落，挡在路上无人过得来，他也回不去。一阵感伤涌起，随他而来的将士都遇难了吗？随军的家眷亲人也遇难了吗？几声鸟鸣划过长空，衬得周围更为寂静和凄凉。

陈师韩只是催促：“丞相快快离开！”

2

空坑一战，文天祥督府军几乎全军覆没，他途中遇到自赣州败退的邹㵆和杜浒等将，几人领残部退入汀州。文天祥入得府来，短短数月，天翻地覆，耗尽心血召集的数万大军灰飞烟灭了，好不容易相聚的家人也都离散了。

十一月时，文天祥感到汀州绝非重整旗鼓之地，决心弃闽入广。当下整顿残军，命邹㵆入赣，对元军进行游击战，自己率部经会昌、安远，到达循州（今广东龙川），最后屯兵南岭（今广东紫金）山中。

安顿下来之后，文天祥即刻派人寻访朝廷，却是音讯杳无。

在山中等到冬去春来，景炎三年（1278）二月，文天祥休整已毕。想起弟弟文璧及老母尚在惠州，遂出兵海丰，三月驻屯丽江浦（今广东汕尾）。此时粤、赣形势出现转机，潮、梅、循三郡反元归宋，文璧召义士在惠州驱元成功，广州也被凌震、王道夫率领的义师收复，邹㵯的捷报不时从江西传来。文天祥振奋之下，再次派杜浒寻访朝廷。他心知眼下唯一的希望，就是与张世杰的水军联手，两路攻元，或有收复闽、赣的希望。

五月，杜浒终于回来报信。但此时不再是文天祥以为的景炎三年，而是祥兴元年。原来年仅九岁的皇帝赵昰已于四月间在碙（náo）洲（今广东湛江市碙洲岛）病逝，七岁的赵昺在陆秀夫和张世杰拥立下登基称帝，五月初一日，改元祥兴，是为祥兴元年。

杜浒继续禀报："先帝病重之时，陈宜中逃往占城（今越南中南部），今朝廷授陆秀夫大人为左丞相，张世杰大人为少傅、枢密使副使，枢密使为文大人，并授文璧大人为权户部侍郎，兼知惠州。"

文天祥手一挥，忍泪说道："官衔不足为道，今朝廷军力如何？"

杜浒黯然道："只余张世杰大人一支舰队。"

文天祥仰头道："只余一支舰队？文某即刻上书，移军入朝，亲往觐见。"当下命人备好笔墨，挥毫写毕，交给杜浒送往硇洲。

杜浒八月方回。他这次带回的消息令人意外，张世杰虽忠于朝廷，但当大权在握，竟也如当年的陈宜中一般，担心文天祥若是入朝，会威胁他的地位。文天祥听了很吃惊："张大人与文某向来肝胆相照，怎么会这样怀疑我？"心中悲愤不已。

杜浒继续说道："下官晚回的原因，是六月间奉旨护船，今朝廷已迁到厓山（今广东新会）。"他见文天祥神情呆滞，又补充道："如今朝廷加封大人为少保、信国公。"

文天祥缓缓摆了摆手，痛苦地说道："朝廷迁至厓山，我大宋国土一天天变少，难道抗元之途，已山穷水尽？"喃喃至此，文天祥蓦然凝视杜浒，眼中光芒重闪，声音也陡然提高："不论千难万险，文某粉身碎骨，也要驱元至死！"

杜浒心中难过，凛然道："丞相受朝廷排挤，仍一心抗元，下官没有跟错人。"

赵孟溁也站出来说道："我等追随丞相，驱元至死！"

营中将校，无不慷慨出声。

文天祥环视众人，徐徐道："此处地窄，不宜设府，不如先去广州。守住粤地，方有周旋之所。"他抬头轻叹："离朝廷近一步，文某也多一分安心。"当即又派杜浒前往广州，与凌震、王道夫联系，说明想率军去广州之意。

3

十余日后，杜浒返回，带回的消息令文天祥再次心痛。凌震、王道夫接见杜浒后，表面大喜，即刻派船来迎文天祥。不料，船到中途，带队头领居然找了个借口，又将船队带走了，只余杜浒单人独船回转丽江浦。

赵孟溁按捺不住，喝道："丞相一心驱元，这些占城据地之将为何不肯联手？"其实他心中也知道，因文天祥声望太盛，若进入广州，凌震、王道夫自然无法保持他们在广州的地位。二人抗元虽诚，拒绝文天祥入城的心思却与张世杰无异。

文天祥皱眉片刻，手指地图，缓声说道："丽江浦地理位置不利，不如我们前往潮州。其地处韩江下游，阻山海之险，可在此增兵积粮，作为日后中兴的基础。"

大军欲发之际，文天祥军中忽发疾疫。好几百人病死，连文天祥的母亲和长子道声也被传染而亡。母死子亡，悲痛的文天祥病倒了。月余之后，文天祥身体渐渐康复，时间已是十一月了。

此时军情也愈加危急。文天祥升帐后展阅累月军报，才知杜浒、赵孟溁等将领见自己沉疴难起，不忍告知，顿时大怒，喝道："军情如火，元军攻陷广州一事，为何不报？如今忽必烈让张弘范为

文天祥手指着地图，分析利弊，指出下一步的行动方向。

帅，水陆并进，所到之处皆难抵抗。传我将令，速往潮州！"

大军当即开拔。文天祥留文璧守惠州，自引大军前往潮州设府。

刚入潮州城，便有邹㵮与刘子俊率部从江西而来。文天祥忽得两支生力军，心中大喜，分派二人巡视。十五日正午，邹㵮忽带几个元军俘虏来见文天祥。

文天祥即刻审问，那俘虏却傲声说道："小小潮州，如何挡得住我大元铁骑？不怕告诉你，如今我军水路由明州、秀州（今浙江嘉兴）出发，陆路从泉州、漳州出发，扫灭你们，指日可待！"

邹㵮大怒，拔刀要斩。文天祥止住道："杀一士卒，于事无补。元军势大，潮州不可再待，速传我令，移府海丰，往南岭结寨，据险候敌。"另再派杜浒率轻骑前往厓山报讯。

大军刚刚在潮州松了口气，又说即刻要走，竟多有懈怠之意。文天祥见军士委实疲劳，不得已下令，先休息两日，再行移师。

不料仅过一日，邹㵮入帐来报："刚得急报，张弘范水陆先头部队已至潮、惠。"

文天祥吃了一惊:"元军来得这么快?传我命令,大军即刻撤离。"

邹㳽应命走后,赵孟溁上前说道:"元军铁骑甚快,我们可走水路避开其锋芒。"

文天祥看看地图,沉思道:"元军目的是厓山,水路必快。我们若走水路,迎头相撞,难以抵敌,不如先撤到山中。"

邹㳽进来复命之后,文天祥命赵孟溁为先锋,邹㳽殿后,大军向西,前往南岭。

4

经过数日行军,文天祥于二十日抵达海丰县北郊五坡岭。

时方正午,赵孟溁的先头部队已越岭继续前行。文天祥等到邹㳽后军,看看岭上草木凋零,山路崎岖,说道:"军士很疲倦了,不如先埋锅造饭,用过饭食后,再追赶孟溁所部。"邹㳽环视山岭一遭,点头道:"这样也好,这里路弯树多,不易被发现。"

文天祥当下传令，全军暂歇，埋锅造饭。

过了半个时辰，饭刚做好，文天祥才吃了两口，猛然四面喊杀声起。

文天祥大吃一惊，起身道："发生了什么事？"

话音未落，便听得外面一阵大喊："元军来了！元军来了！"

文天祥疾步出帐，果见数百名元军轻骑纵横，张弓发箭，对着宋军狂射，正在用餐的督府军猝不及防，有人连枪矛都来不及去取，便中箭而亡。

元兵个个剽勇异常，纵马在狭窄的山路上如走平地。元军中突然出现一名虬髯将领，他刀尖指向文天祥，厉声喝道："这是文天祥，给我抓活的！"

一切发生得太快，文天祥来不及思索，转身从营帐中穿过，一边从怀中掏出早就准备好的毒药塞入口中，随即扑身到旁边涧水中喝了几口水吞下。

还未起身，几柄刀刃已压在他后颈之上。

身后有人哈哈大笑，一声音说道："老子乃千户王惟义，今日生擒文丞相，看谁还能抢我头功！"

文天祥扭头怒视，喝道："快快给文某一刀！"

王惟义狞笑道："给你一刀？没那么便宜。带走！去见张弘正大人！"

文天祥只觉腹部疼痛，心知毒药发作，心想，我便在此殉国了吧！

眼前冬阳晃眼，伴随着腹痛，文天祥只觉天旋地转，随即失去了知觉。

千秋绝唱

1

文天祥醒来时，发现自己躺在一张木床上。

他手抚额头，发生在五坡岭的一幕猝然重现。文天祥心下一惊，心想难道自己吞下毒药竟然没有死？捏捏胳膊，果然不是梦境。此时只感浑身虚脱乏力，勉强起身，只见室外站着两名持矛元军士卒。文天祥心中酸痛，知道自己终究是被元军活捉了。

门外元兵听到室内动静，立刻有一人前往通报。不一会儿，王惟义带着几名士卒推门而入。王惟义嘿嘿冷笑道："文丞相的大名如雷贯耳，果然是不怕死的英雄好汉，以为吞下毒药便可殉国？嘿嘿，也不知文丞相那毒药是啥时准备的，毒性已过，不足致死，不过腹泻了多日，只怕文丞相自己也不知道吧？"

文天祥冷冷地看着对方，一言不发。

王惟义怒道："既然醒了，就去见我们大人吧，带走！"

数名元军押着文天祥，跟随王惟义走入一处官衙。

堂内一员虬髯大将哈哈大笑着走到文天祥面前，说道："文丞相落入我手，这大宋江山也很快就全部归元了。哈哈！"

文天祥怒目而视，喝道："你是谁？"

那将傲然说道："本官张弘正，大元元帅张弘范之弟。"

文天祥冷冷道："看你是汉人，怎能助纣为虐？"

张弘正仰头一笑，道："我是汉人不假，可我不是宋人。文丞相丰姿伟岸，义薄云天，着实令人钦佩！尤其文丞相部下，一个叫邹溸的，自杀不死，在昨日伤发而亡了。还有一个叫陈子俊的，竟在被俘后说自己是文天祥，抓他的军士原以为立了头功，没想到抓了个假的文丞相，恼怒之下，将他给烹了。这些文丞相可能还不知道吧？"

文天祥听此噩耗，目眦欲裂，怒声喝道："文某也只求一死！"

"哎哟，"张弘正双手一摊，"这个张某可不敢做主，我接到兄长帅令，要押解丞相前往潮阳。文丞相生死，得交给我兄长发落。"

文天祥怒目道："文某今日便往潮阳即可。"

待王惟义将文天祥带走后，张弘正自言自语地说道："怪不得我兄长要亲自见文天祥，果然是个慷慨英雄！"

2

数日后，文天祥被押至潮州。

张弘范即刻命人将文天祥带入相见。

文天祥走入张弘范帅府，神色凛然，目光坚毅。

张弘范身边的将领见文天祥身为囚徒，居然挺胸而立，顿时有人喝道："张元帅在此，立刻跪下！"

文天祥不看喝问之人，直视张弘范，冷冷道："文某曾见伯颜、阿术，也只揖不跪，今日文某岂会跪你！"

张弘范举起手，示意左右噤声，缓缓起身，走上几步说道："张某在皋亭山大营，曾见文丞相丰仪，私下心中仰慕。只可惜当日未能与丞相多说话，不承想匆匆两载，又得相见。如今丞相既已被我生擒，何不投降我大元？"

文天祥怒道："元人侵犯我中原，杀害我百姓，文某与你不同戴天，要文某投降，休想！"

张弘范身旁的元将无不大怒，好几人从腰间拔出刀，作势欲砍。

张弘范侧过头，对手下部将喝道："收起来！"又转头面对文天祥，微笑道："文丞相大义昭彰，本帅佩服！来人，先把文丞相带下去，不可怠慢了。"

两名元兵应声而上，将文天祥带出帅府。

张弘范手下的将领愤怒地说道："看他这样，元帅为何不干脆将他斩首？"

张弘范从鼻孔里"哼"出一声，缓缓道："急什么？文天祥是宋室状元，南朝丞相，堪比半座江山，如果此人归降，南方的民众意志都会被摧毁，岂不比一刀杀了他好上百倍？"

一名将领说道："今日见他，绝不是愿意投降的人。"

张弘范冷冷一笑："文天祥终究是人，本帅自有办法摧毁他的意志，到时不怕他不降！若今日杀了他，倒全了他忠义之名。本帅以礼相待，方显我大元气度宽宏"，他看向一名将领，伸手指点点他的胸脯，说道："将他囚入海船！多增看守，他若跑了，你就提头来见！"

3

文天祥见自己未被关入囚室，而是上了一条海船，心中微感诧异。凝思之后，猛然想到，张弘范的目的是厓山，自是要将自己带往厓山了。想到这里，文天祥心中又是悲愤又是稍感希冀。悲愤的是，如今大宋国土，称得上全部沦丧，只剩弹丸之地厓山一隅了；稍感希冀的是，如今厓山之上，尚有大宋二十万军民，张世杰水军虽在元军手上遭过败绩，毕竟天下悬于厓山，二十万军民同仇敌忾，未必没有反败为胜的转机。而且，张弘范不敢将自己囚禁在潮阳，自然是害怕自己重演在镇江逃脱的一幕。既然随军前往，倒还真可趁战事纷乱，找到脱身机会，到时觐见天子，重整旗鼓，也不是没有可能。

文天祥心中担忧、激动、忐忑、振奋等种种心绪纷乱交错，既盼早到厓山，又盼永不到厓山。

日子一天天过去，张弘范与元军其他将领再无一人来劝降。从看守他的元兵那里，文天祥倒时不时听到潮、惠一带宋军被剿的噩耗。初闻时，文天祥心中阵阵作痛，听得多了，却怀疑张弘范是不是故布疑阵，遂对所有讯息不闻不问，心中所想，只是海船何日起航，自己何时可见厓山。

在文天祥的日日计算中，元军战舰于祥兴二年（1279）正月初六起航。文天祥从船舱内看见元军战船遍海，从未经历过海战，第一次看见如此多的战船齐发。吃惊之余，心中涌起一股巨大的忧虑。

船行两日之后，到达官富场（今香港九龙东部）。

文天祥两日间见元军战船无穷无尽，忧虑剧增，心中不停筹思，张世杰该以何种方式应战。左思右想中，舱门打开，文天祥也未起身，他已习惯送饮食之人开门进出。不料，此次舱门一开，只听舱外有人说道："张元帅有请。"

随那元将下船登岸，文天祥终于感到一阵踏实。这些日子从未离船，时时摇荡，呕吐过无数次，终于挺了过来，但究竟比不得此刻在地上安稳的感觉。

那元将始终不多说，径直将文天祥带往另一条大船。

文天祥一见那船，吃惊不小。这是一条从未见过的巨型海船，船上元军士兵无数，人人精悍，无数面大元旗帜随风飘扬，当中一座巨大船舱，顶部一面绣有"张"字的迎风招展。

文天祥知道，这是张弘范的指挥船了。

文天祥进入舱后，里面果然是张弘范和一众将领。

张弘范见文天祥进来，微笑起身，迎上两步说道："文丞相在船中可好？这是本帅座船，再过几日，便到厓山。本帅就请文丞相在这船上相陪数日，我们一同来看本帅与张世杰的决战！"

文天祥闭口不语。张弘范对身边一员大将说道："就请李恒将文丞相送往别舱，你亲自照顾，到厓山后，再带入本帅舱中。"

李元帅道声"遵令"，径直将文天祥带入船中一间装饰华美的船舱，只是舱窗俱改为铁窗，以防文天祥越窗逃脱。

元军战船再次起航，十三日，抵达珠江口外的零丁洋上。

文天祥心潮起伏，走至窗口观看，只见对面海上，大宋战船桅樯如林，旗帜遮云蔽日，在海面上蔚为壮观。不论从数量还是从气势来看，都丝毫不输于元军。这一场即将展开的海战，真不知谁胜谁负。

文天祥自被俘之日开始，差不多整整一个月未见大宋旗号，此刻见宋船连绵威武，气势非凡。文天祥再也无法抑制，泪水夺眶而出。

4

舱门忽然打开。

文天祥转头一看，是这几日奉命监视自己的李元帅。

李元帅看着文天祥，傲声说道："今日我们已到厓山，你也看到了，南朝之船，不过区区千艘，我大元之船，超过三倍。张大元帅心怀不忍，想借文丞相之笔，劝劝张世杰，若是投降，必定封侯。"

文天祥冷冷一笑，道："我大宋军民，齐心抗敌，厓山便是你们的坟场！想文某劝降，真是白日做梦！"

李元帅眉头一动，冷冷道："文丞相自到船上，张大元帅一直以礼相待，如今文丞相若劝降张世杰，也是挽救这数十万将士的性命，本帅劝你还是写下书信为好。"

文天祥听到对方说"挽救这数十万将士的性命"时，眼中已然含泪，摇头道："文某连自己父母也救不得，岂可劝他人背叛自己的父母？"

李元帅恼羞成怒，厉声喝道："你写不写？若是不写，张大元帅对你客气，本帅可不会！"

文天祥凝视对方一眼，陡然哈哈一笑，道："好！好！文某即刻就写。"当下站于桌旁，磨得墨浓，蘸得笔饱，在纸上龙飞凤舞，顷刻间写完，说道："拿去！交给张弘范！"

李元帅见文天祥突变姿态，竟然真的写下书信，他也不识字，伸手拿过，冷笑道："文丞相还算识相之人。"将墨迹未干的宣纸交给军士，命他随自己前往张弘范主帅船舱。

5

李元帅喜不自胜地将文天祥写的信交给张弘范，说道："文天祥已写劝降书。"

正凭窗观察宋军船队的张弘范"哦"了一声，转过头来。他命李元帅游说文天祥，原本不存指望，不料须臾间得到文天祥手书，颇感意外。当即接过，展开一看，上面不是想当然的密密的字迹，仅有一首诗。

张弘范知文天祥为南朝状元，自是大才，一字一句慢慢读下来：

> 辛苦遭逢起一经，干戈寥落四周星。
> 山河破碎风飘絮，身世浮沉雨打萍。
> 惶恐滩头说惶恐，零丁洋里叹零丁。
> 人生自古谁无死？留取丹心照汗青。

自张弘范以下的其他元将均系马上武夫出身，虽不识字，还是听懂了文天祥诗中之意。

李元帅大怒，喝道："这姓文的竟敢欺骗本帅，老子一刀把他劈了！"转身便往外走。

"站住！"张弘范喝道。李元帅愣愣回身，只见张弘范缓步走至窗前，像是继续观看宋军战船，却是微微点头，缓缓说道："好人！好诗！文天祥忠义如此，实在令本帅钦敬！"

李元帅怒道："元帅令他写劝降书，他却写什么'人生自古谁无死'，岂不是欺骗元帅？"

张弘范转过身来，环视众人，说："不必催逼，此诗可见，文天祥忠义至性，此等人物千古罕有，决不能杀！"

他双眼始终凝视对面宋船，沉声说道："都准备好，与张世杰这一战，便是我们与宋军的最后决战了！"

山河色变

1

文天祥始终凝视着对面大宋的战船，眼见海面蒙蒙舰队列成一字长蛇阵，不由大急。想起三国赤壁大战时，周瑜用火攻破曹，心想张弘范若同样用火攻，如何能解？他随即还想到，元军战舰虽多，却不能同时进入战阵，如张世杰此刻主动进攻，元军必败。只是从张世杰布的阵来看，明显只取守势。战场时机稍纵即逝，双方尚未交手，张世杰已输了第一回合。

忧急间舱门忽开，文天祥回头一望，见几名元兵进来，要带他前往张弘范指挥舱。

见文天祥进来，张弘范哈哈一笑，说："文丞相忠肝义胆，本帅钦佩之至，特邀文丞相与本帅同观这百年难逢之战。"说罢，命文天祥在他身边坐下，然后下令："火船进攻！"

文天祥心头震撼，张弘范果然欲以火攻破阵。

随着令旗挥动，从元军舰队中冲出百余条茅草覆盖的轻舟，点火之后，转眼成一条条火船，乘着风势，往宋船扑去。

文天祥一颗心提到了嗓子眼，一股历史重演的绝望感涌上心头。

张弘范座船极大，他们坐得高，自然看得远。文天祥强自镇定，目不转睛地凝望那些火船冲往宋船战阵。张弘范也注视着战船，却不忘时不时侧目看看文天祥的表情。

文天祥忽然冷静地说道："看来当年赤壁之事，今日是不会重现了。"

张弘范也早已发现，霍地站起身来，只见火船冲到宋船时，宋船并不着火，相反，宋船中无数军士各挺丈余长浸湿的木杆，抵住火船。火船在宋军舰队面前无法前进，数百条轻舟竟在宋舰前面全部烧尽，宋舰未伤分毫。

文天祥哈哈大笑："张元帅请文某观看此战，何不上些酒食，我们边饮边看。"

张弘范眼中喷火，厉声喝道："收军！"

2

夜里，文天祥无法入睡，心中直想，张世杰为何不乘胜进攻呢？如果此时出击，元军船舰虽多，却比不上宋船庞大。到三更时分，猛听得外面喊杀声起。文天祥起身往外看去，海上一片漆黑，只听宋军战鼓雷鸣一般，将士们喊杀声一片。不多时，外面鼓声又逐渐停止，喊杀声消失。满怀希望的文天祥陷入深深的失望之中。

转眼到了二十二日，文天祥日日与张弘范同船观战。一日军士入舱禀报，文天祥在旁听得分明，竟是曾追赶自己至方石岭的元将李恒率舰队增援张弘范来了。

文天祥听着军士的禀报，一颗心沉了下去。他知道，张世杰已失去击败张弘范的时机。

二月六日，连日无眠的文天祥未及多想，今日张弘范为何不命他坐在身边，而是让他坐到另一条船上。

这日天色阴沉，海风猛烈，寒雨纷飞。

张弘范冷冷下令，命李恒舰队趁早潮退落、海水滚滚南去之时，顺水势从北面展开进攻，宋舰上的官兵也在张世杰指挥下发射火炮和喷射火焰的火枪。整个海面烟雾漫空，矢石乱飞。文天祥双手紧握，天气虽寒，却感背上汗珠滚落，心中暗暗祝祷，张世杰能挺过今日一役。双方从卯时激战到巳时，各有伤亡，又各不相让。此刻就看谁能咬住一口气，谁就能最终获取胜利。文天祥紧咬下唇，目不转睛；张弘范在旁，手扶佩剑，冷冷观察。

眼见午时已到，海水又开始涨潮。张弘范忽然手一挥，淡淡说："奏乐。"

文天祥闻言一怔。张弘范的帅船之上，响起一片乐声。

李恒的攻势闻乐稍缓，宋船上将士也筋疲力尽。

文天祥心里猛叫一声"不好"。果然，张弘范帅船的乐声听似松懈，实则为进攻的讯号。随着乐声响起，只见帅船升起一片布障，猛然加速，帅船之后，两百条元军战舰如脱缰野马，趁着潮水大涨，从南面猛攻过去。

宋军舰队最为坚固之处便是勇将左大扼守的西南角。他忽见一支庞大敌舰冲来，急命军士放箭射击。宋军箭雨虽密，但一名元军也伤不到。

文天祥远远观看，只见张弘范帅船插满箭羽，飞快驶近宋船。当舰尾撞到宋船之后，元军将士如狼似虎般跃上宋船，与宋军短兵相接。

文天祥所在船只未参与进攻，他眼睁睁看着元兵占据上风，双眼血红，蓦然一声大喊，奋身投海。他刚一动，身后几名元兵早有准备，硬生生将文天祥拉住，重新按入座椅。文天祥再也忍耐不住，此时精神稍溃，无法抑制，痛哭失声。

3

夜晚来临。

元军将士在取得胜利后的极度亢奋中，个个喝得烂醉如泥。

文天祥泪水已干，呆如石像般望着经过二十二天激战，终于平静下来的海面。

张弘范说的没错，这是宋元间最后的决战。文天祥望着海面，再也看不到一只南朝船舰。一千多条战舰，二十余万军民，都在过去的二十二天内消失了。海水荡荡，上面只有密密麻麻的元军舰船。战鼓声熄灭了，火炮声熄灭了，呐喊声熄灭了，双方密集对射的箭羽破空声熄灭了。

对双方来说，一切都结束了。

唯一不同的，胜利的一方兴奋地欢呼，失败的一方全军覆没。

还有人活着吗？七岁的皇帝活着吗？太后活着吗？张世杰活着吗？陆秀夫活着吗？还有，自己派去的杜浒活着吗？早至厓山的邓光荐活着吗？但愿他们都还活着。可是，即使他们活着，社稷还是死去了，江山还是死去了，大宋最后的二十万臣民还是死去了。元人为什么不让自己也死去呢？与其做一个大宋的孤魂野鬼，真不如随今天死去的宋人一了百了。活着真是痛苦，没有依靠、没有明日的痛苦真是太难忍受了！文天祥迎风而立，他好几次投海，都被监视的元兵拉住。他们为什么不让自己死呢？眼睁睁看着自己赖以生存的世界土崩瓦解，真是宁愿一死啊。

一夜未眠，文天祥眼望大海，渐渐的，原本以为流干的泪水又迸涌而出。海面上浮起无边无际的大宋军民尸体。文天祥再也忍不住狂叫狂喊，奋身扑海，他身边的元兵扭住他的胳膊不放。

一阵脚步声传来，只见张弘范在一队将领簇拥下走了过来。

他在文天祥身边站住，文天祥双眼流血，嘶哑着喉咙喝道："张弘范，你让人松开，让我去死！"

张弘范朝海面冷冷看了一眼，又看向文天祥，缓声说道："文丞相虽忠肝义胆，料也心中自知，自古兴一朝，殒一朝，无不是枯骨满眼，这也是天道轮回。若你我不是各事其主，本帅倒愿与文丞相剖心相对。"

文天祥血泪不停，声音嘶哑，喊道："你命他们放手，让文某去死！"

张弘范眉头一动，声色如常地说道："视死如归，文丞相真是奇男子！本帅不是要让文丞相痛苦，本帅真的是敬重你，不想让丞相去死。"他转过头，对身后众将官说道："传我将令，所俘南朝官员，需得以礼相待，使他们能为我朝所用。"

北都拒降

1

元世祖至元十六年（1279）十月初一，刚至掌灯时分，元军都尉石嵩和另一名叫囊家歹的将官受张弘范之命，经过五个月零十一天，将文天祥押解到了元朝都城大都。

北方，十月已是风寒。文天祥看着眼前城池，心中又一次悲伤翻涌。自石敬瑭将燕云十六州割让给契丹之后，幽州便未再进入过宋朝版图。文天祥此刻入城，悲伤自己不是因为收疆复土，而是以囚徒身份。

他跟随石嵩等人来到会同馆。馆前元兵横矛挡住，说道："来的可是降官？"

石嵩说道："是张元帅所俘的南朝丞相文天祥。"

那元兵道："此处只收降官，不收俘虏，去其他地方吧。"

石嵩颇感意外，恼声道："老子在前方打仗，你们在这里坐享其成，竟敢挡老子的路？"伸手便要拔刀。

恰巧馆内走出一名元官，即刻上前询问，得知石嵩身后站着的是文天祥后，上下打量几眼，说道："随我来吧。"

他转身将文天祥等人带至一间偏房陋室，推开门，说："今晚你就住这里。"

待石嵩等人走后，文天祥打量房间，冷清清的只有一张床、一张桌子，桌子上一盏油灯。他慢慢挪到床前，盘腿坐到床上。一阵风来，灯焰瞬间熄灭，房间内猝然黑暗。

文天祥一动不动，双眼空洞地凝视窗外。自起兵勤王以来，从未有哪个夜晚如此夜这样凄清独处。种种往事，波翻浪涌般袭上心头，尤其这五千多里的北上苦旅，更是清晰无比，在眼前重现。

2

天终于亮了。一夜未合眼的文天祥听到有人叩门。他说声"进来"。门一开，几个元兵拥着一名将官进来。

那将官看着文天祥，拱手道："下官奉孛罗丞相钧旨，请文大人另住他房。"

跟随这队元军来到新住处后，文天祥心里冷笑，这间住房布置奢华，大堂中央的桌上摆满精致菜肴，桌旁下人齐齐躬腰，显然是对文天祥格外优待。

文天祥官服虽旧，仍是整洁，他端正一下官帽，朝南而坐，说道："不知前倨后恭，是什么意思？"

那将官装作不懂汉人成语，只是笑道："丞相钧旨如此，下官先陪文大人用餐。"

文天祥看一眼桌上菜肴，淡淡道："把这些撤下去，文某不吃。"说完双眼微闭，无论那将官如何劝解，不动一筷，也不发一言。

听那将官说得口干舌燥，桌上菜肴俱冷，文天祥才缓缓起身，说："文某且回囚室。"起身往外便走。那将官赶紧伸手一拦："丞相钧旨，文大人就住此间。"

文天祥似是没听见，伸手将对方胳膊推开，大步往外便走。

那将官脸上惊讶莫名，不敢再拦，急命军士送文天祥回去，自己则赶紧出门，回报孛罗。

3

当日下午，文天祥房门又是一响。他抬头去看，门外走进一人。

文天祥一见来人，顿时双眉一竖，不待来人开口，冷冷道："原来是留梦炎留大人，难得你我在此处相遇啊。"

来人正是当日临安危急之时，私逃出京城的左丞相留梦炎。他此刻身穿大元官服，显然是私逃后投降元军了。

留梦炎听到文天祥语含讥讽，尴尬一笑，拱手道："听说文丞相到来，我赶紧过来相见，盼与文大人有片刻倾心之谈。"

文天祥冷冷道："好得很！文某倒想知道，留大人是何时中举，何时为相？"

留梦炎见文天祥眼神锐利，心下已慌，也不知文天祥所问何意，赶忙说道："我是淳祐四年（1244）中的状元，德祐元年（1275）进的左丞相。文大人应是知道的。"

"哈哈，"文天祥仰头一笑，随即故作诧声，道："留大人能中状元，自是熟读圣贤之书，当知圣人之言，贤士之语，不知今日如何弃了南朝衣冠？"

留梦炎脸色涨红，嘴唇微颤，不知如何回答。

文天祥声音已趋愤怒，道："贪生怕死、卖国求荣之辈，文某向来不会与这样的人有倾心之谈！留大人，你就好好做你的元人之官，只怕千秋万代之后，你的留氏子孙为你烧香都不愿！九泉之下，你有的只是悔不当初！回去告诉忽必烈，文某既为囚徒，便只求一死，留大人从哪里来，就滚回哪里去吧！"留梦炎浑身发抖，再也不敢多说，掩面而出。

在囚室又度过了一晚，始终在床上盘腿而坐的文天祥又听到门被敲响。

他心中冷笑，沉声道："进来！"

门开了，令文天祥意外的是，今天进来的竟然是一个不足十岁的男童。

那男童走进门来，脸色苍白，双眼充满巨大的恐惧，他眉目清秀，从中隐约透出一股天生的贵族之气。

无论如何他也想不到，这次元廷派来的，竟是投降北上后，被忽必烈封为瀛国公的大宋德祐皇帝赵㬎。

文天祥呆立片刻，几步走到赵㬎面前，双膝跪倒，泪水再也抑制不住，滚滚而下，痛哭道："圣驾请回！圣驾请回！"

赵㬎被虏时年仅五岁，此刻也不过九岁。他看着文天祥跪在面前，知他是忠臣，也情不自禁，泪水在眼眶里打转。来前被告知要说的话一句也说不出来，想伸手抚抚文天祥的肩膀，却是不敢，眼泪终于掉了下来。

文天祥见赵㬎流泪，心中更恸，又叩头重复说道："圣驾请回！圣驾请回！"

赵㬎一边举袖擦泪，又一边啜泣出声。站了片刻，终于一言不发，从文天祥身边走过。

听到关门声在身后响过，文天祥再也无力忍耐，以头叩地，一边喊着"圣驾"，一边号啕痛哭。待他抬手擦泪时，才见流出的，竟又是带血的泪水。

第二天，文天祥房门再开，一队元兵进来。为首一名将领说道："给他戴上木枷，绑到兵马司衙门去！"他身后元兵应声"得令"，上前给文天祥套上木枷，捆住双手，往门外推去。

文天祥一言不发，任由对方推搡。走出门外，仰头望天，喃喃说道："好干净的太阳！文某来得清白，死也死得清白。"

丹心不朽

1

一行人将文天祥带至兵司马衙门，几个转弯，到了后面狱室。元兵将领对迎来的狱室长乌马儿说道："这是南朝丞相文天祥，现交于你，好生看守。"

文天祥在旁平静地说道："如何不今日取文某性命？"

乌马儿和元兵将领同时一怔。均想，在这里贪生怕死的人见得多了，主动求死的还真是第一次看见，难怪朝廷对他束手无策。那将领说道："今日张弘范元帅回都，听说文丞相宁死不降，奏请陛下，先将文丞相看守在此。杀与不杀，可不是我等能够做主的，进去吧！"

走进囚室，只见阴冷的室内宽约八尺，深逾三丈，四面土墙，墙角摆有一张铺着草席的破床，中间一张破烂不堪的矮桌，上面一盏油灯，焰光摇晃。文天祥心想张弘范回都，命人将自己关入狱室，自然是想从肉体上折磨自己了。他脸色不变，走到床前，又盘腿坐下，闭目不语。听见狱室门绕上铁链，锁上大锁，始终如雕塑般端坐。

过了十日，乌马儿才命狱卒给文天祥松开手缚，此时的文天祥须发凌乱，身上长满虱子。又过了二十日左右，才除去颈上木枷，铁链却还绕在他脖子上。直到这时，他在狱室已被关了整整一个月，乌马儿命人带文天祥出来晒晒太阳。文天祥闭目仰头，感觉阳光在脸上爬过，顿感神清气爽。他转过头，对监视自己的狱卒道："何必多此一举？"

那狱卒不明其意，讷讷不言。文天祥也不等他回答，仍是闭目抬头，不再言语。过了片刻，乌马儿走过来，到文天祥身边站定说："孛罗丞相钧旨，命文天祥往枢密院相见。"

文天祥看看对方，缓缓道："文某早就想见见你们丞相，还有你们的皇帝了。"

2

到枢密院后，召文天祥前来的孛罗并没有出现。枢密院官员只说让文天祥在此等候。文天祥看出孛罗是在用缓兵之计，想通过等待让对方自乱阵脚，颇觉好笑。心想，自己不过是求死之人，使这样的伎俩，又有什么用呢？听孛罗要他等，便在枢密院等下去。

四天后，传来孛罗命令，召文天祥大堂相见。

无论枢密院大堂如何威严，堂上的军士如何充满杀气，两边的斧钺如何闪亮，文天祥一概视而不见。他径直走到大堂正中，朝端坐大堂虎皮椅上的孛罗拱手一揖，直视虬髯的元朝丞相，站立不语。

大堂的数十名武士跟着大喊："跪！"

文天祥昂首而立，不卑不亢地说道："文某南朝人，只跪君父，跪天地，不跪北朝人。"

孛罗没料四天下来，未挫文天祥半分锐气，怒声喝道："左右，按他脆！"

两名武士应命而上，一左一右，按住文天祥肩膀，用力下压。文天祥刚经一个月的牢狱之苦，浑身无力，挣扎着，未能挣开四条强壮的胳膊，当下顺势往地上一坐，仍是不跪。

孛罗见状，挥手道："松开。"

待两名武士退下，孛罗冷冷道："有骨气！可事到今日，你是我阶下之囚，有什么要说的吗？"

文天祥慢慢站起，声音平静地说道："自古兴亡有数，如今大宋既亡，文某早就说过，只求一死，再无他想。"

孛罗冷冷一笑，说："你既忠于大宋，那如何不听你大宋皇帝的话？现在大都的德祐皇帝不是你的君主吗？"

文天祥点头道："不错，德祐皇帝是我的君主。"

"哈哈！"孛罗忽然仰头一笑，说："你自称忠义，为何你的君主尚在，你却奉他人为帝？忠从何来？"

文天祥面不改色，说："被掳北上，是陛下的

在元人朝堂上，元人的两名武士试图按住文天祥肩膀，让其下跪却没能成功。

不幸，但江山社稷尚存，自古国不可一日无君，另立君王，乃为宗庙社稷着想，此举不是忠臣不可为。"

孛罗傲声说道："你先后奉两个幼主，有什么功绩？"

文天祥哑然失笑，道："为人臣的，计较何功？宗庙存在一日，臣子的职责便要尽一日。"

孛罗哈哈一笑，道："可你不知抗我大元，实乃螳臂当车，不自量力？"

文天祥双眉一竖，厉声喝道："住嘴！作为臣子的侍奉君王，就像儿子侍奉父亲，如果父亲有病，明知不可为，岂有不用药的道理？大宋因天命而亡，我为宋臣，又岂可不尽忠心？今日文某不过一死罢了，无须多言。"

孛罗冷笑道："你想死？本相偏不让你死，只让你后半生在牢狱中度过！"

文天祥哈哈一笑，说"文某死都不怕，你觉得我会怕你监禁吗？"

孛罗怒不可遏，再也按捺不住，喝道："左右，将他给本相关入大牢！"

3

再回牢室之后，许久无人召见文天祥。眼见过了冬至，又过了除夕，文天祥在牢中孑然一身。没想到自己身为囚徒，竟是求死不得。牢中岁月，除了写诗之外，无事可做。

时间流逝，转眼到了至元十九年（1282）十二月初八日，文天祥在大都牢狱已度过了三年多的时光。

这日辰时刚过，牢室锁链一响，文天祥抬头看去，是乌马儿正在开锁，他身后站着一队皇宫卫士。

乌马儿进来说道："文大人请，陛下召见。"

文天祥缓缓点头，去见忽必烈，也是自己终于等到结果了。他将桌上的诗稿摆齐，跨步而出。

果然是元世祖忽必烈亲自召见文天祥。

见文天祥只是一揖，忽必烈没有像孛罗等人那样强迫文天祥下跪，只微微一笑，说："文丞相做客北都数年，朕今日才抽空会见，可是失礼得很了。"

文天祥淡淡一笑，说："有什么要说的，直言即可。"

忽必烈敛去笑容，看了文天祥一眼："文丞相在北都，写下诸多诗句，朕皆一一阅过。昨日读这篇《正气歌》，由不得朕不见你了。"他将手中诗稿一扬，搁在桌上，道："文丞相幽居未出，恐有些外事不知，朕倒愿和你多谈几句。"

文天祥仍是淡淡地说道："文某的心意，料想你早就知道，有什么外事，早没时间去关注了。"

忽必烈眉头一动，又是微微一笑，说："朕心中仰慕南朝礼教，很长时间想以儒家之学治国。朕曾问王积翁，南北宰相谁是最贤能的，王积翁回禀：'北人没有比得上耶律楚材的，南人没有比得上文天祥的。'如今天下归元，赵宋不在了，愿文丞相能忠心侍奉朕，你应该不会失去相位。"

文天祥怆然一笑，说："您既知儒学，可知孟子有言，'我善养吾浩然之气'。文某若降，则浩然之气尽弃，落个遗臭万年，岂非白白读儒学？无须多言了。"

忽必烈手抚须髯，叹道："文丞相可能还不知道，朕的灭宋元帅张弘范两年前病逝了，他死前给朕上书，称文丞相忠义至性，要朕不杀你。如今见文丞相丰仪，果然令朕不舍啊。"

文天祥拱手揖道："'千年沧海上，精卫是吾魂'。文某受宋三帝厚恩，岂可事二姓？"

忽必烈缓缓点头，问道："文丞相还有什么愿望？"

文天祥凝视对方，一字字答道："一死之外，别无所求。"

忽必烈默然片刻，抬头凝视殿宇，自言自语："百折千回，忠于所事，实乃千古英臣，可惜不能为朕所用。"他双眼转向文天祥，缓缓道："三年不改变志向，朕成全你。"

4

十二月初九日午时，大都自早晨开始，风沙就隐隐在城外掠过。

大宋丞相文天祥将被处斩的消息传遍全城。

大队骑马持矛的元军在大街来回奔驰，以防发生意外。

全城百姓汉人居多，早纷纷聚集。

兵马司监狱牢门大开。身穿囚衣、颈套刑具的文天祥神情凛然，跟随监斩官，昂首往柴市（今北京宣武门外）走去。

风沙越来越大。走入刑场后，文天祥抬眼看着暗沉沉的天空，围上来的百姓越来越多，哭喊声在人群中此起彼伏。全副武装的元兵弓上弦、刀出鞘，将众百姓挡在越缩越小的圈子外面。

监斩官有点儿坐不住了，起身说道："文丞相还有什么话说吗？回奏尚可免死。"

文天祥转头看他一眼，声音如常地问道："何处是南面？"

旁边一个百姓抬手一指，说："此处是南。"

文天祥转身南向，拜了三拜，肃颜说道："天祥事毕，报国至此，无愧天地。"

风沙变得暴烈，呼啸声铺天盖地，令人浑身发抖。

监斩官咬咬牙，从签筒里抽出一支斩签，往下一扔，喝道："时辰已至，斩！"

随着众百姓的惊呼和喊叫，元兵奋力将人群挡住。

刑场外"文丞相！文丞相！"的喊声竟将呼啸风声也压得听不到了。

<h1 style="text-align:center">5</h1>

第二天黄昏，狂刮了一日一夜的风沙停了，下起了大雪，大都内外，渐渐被一片银白覆盖。

暮色渐晚，大都小南门外的五里道旁，有十人眼含热泪，抬着文天祥的遗体至备好的棺椁前。他们将尸身放入棺椁时，忽觉文天祥腰带处有异，一人伸手将它解下，见里面藏着一块丝帛，展开一看，上面写有近百字，遂低低读道：

> 吾位居将相，不能救社稷，正天下，军败国辱，为囚虏，其当死久矣！顷被执以来，欲引决而无间，今天与之机，谨南向百拜以死。其赞曰：孔曰成仁，孟曰取义，惟其义尽，所

以仁至。读圣贤书，所学何事？而今而后，庶几无愧！宋丞相文天祥绝笔。

那人读毕，其余的人早已眼中落泪。将文天祥棺椁掩埋后，十人围着坟头，跪拜哭道："我等从江南赶来，如今冒死得到丞相遗体，暂葬于此。待来年春日，我等发誓将丞相遗体送回庐陵，令丞相魂归故里，以待天下来拜！"

说罢，十人齐齐叩头。此时天色愈暗，风寒刺骨，那十名义士浑然不觉，伏拜于地，任由一片片雪花将自己全身覆盖。

文天祥
生平简表

● ◎宋理宗端平三年（1236）

文天祥出生。父，文仪；母，曾氏。

● ◎宝祐四年（1256）

五月，文天祥中状元，父亲文仪病故，文天祥回乡守孝。

● ◎开庆元年（1259）

元人三路大军南征。正月，文天祥携二弟文璧入京。九月，忽必烈进围鄂州。十一月，文天祥上书，请斩董宋臣。十二月，蒙古大汗蒙哥死，元军北撤。

●◎咸淳九年（1273）

二月，襄、樊城破。七月，文天祥拜见江万里。

●◎咸淳十年（1274）

正月，文天祥离衡阳，三月抵赣州。

●◎宋恭帝德祐元年（1275）

正月，文天祥散家财招兵，八月抵京勤王。十一月，常州、独松关、平江失守。文天祥回守临安。左丞相留梦炎私逃出京。

●◎德祐二年（1276）

正月，文天祥出使元营被扣。宋廷投降。二月，文天祥随军北上，于镇江脱险。闰四月，文天祥抵永嘉。五月初一日，七岁的赵昰登基。十月，文天祥移兵汀州。

●◎宋端宗景炎二年（1277）

文天祥进兵江西，收复多处州县，后败退广东。

●◎景炎三年（1278）

四月，赵昰病逝，六岁的赵昺登基，改元祥兴。十一月二十日，文天祥在五坡岭被俘。

●◎祥兴二年（1279）

二月，张世杰厓山战败，陆秀夫负帝蹈海，宋亡。十月，文天祥被押解至大都。

●◎至元十九年（1282）

十二月初九日，文天祥就义，年四十七。